Acidentes de Trânsito

ROTEIRO BÁSICO DAS AÇÕES NOS JUIZADOS ESPECIAIS CÍVEIS

LEI 9.099, DE 26.9.95

A779a Arruda Neto, Aristides
    Acidentes de trânsito: roteiro básico das ações nos Juizados Especiais Cíveis: Lei 9.099, de 26.9.95 / Aristides Arruda Neto. — Porto Alegre: Livraria do Advogado, 1997.
    99p.; 14x21cm.
    ISBN 85-7348-043-2
    1. Acidentes de trânsito: Juizados Especiais: Processo Civil. I. Título.

                    CDU 343.346.5:347.994

    Índice para catálogo sistemático
    Acidentes de trânsito: Juizados Especiais: Processo Civil.

(Bibliotecária responsável: Marta Roberto, CRB 10/652)

Aristides de Arruda Neto

Acidentes de Trânsito

ROTEIRO BÁSICO DAS AÇÕES
NOS JUIZADOS ESPECIAIS CÍVEIS

LEI 9.099, DE 26.9.95

Teoria - Prática - Modelos - Jurisprudência

livraria
DO ADVOGADO
editora

Porto Alegre 1997

© Aristides de Arruda Neto, 1997

Capa, projeto gráfico e diagramação
Livraria do Advogado / Valmor Bortoloti

Revisão
Rosane Marques Borba

Direitos desta edição reservados por
Livraria do Advogado Ltda.
Rua Riachuelo, 1338
90010-273 Porto Alegre RS
Fone/fax: (051) 225 3311
E-mail: liv_adv@portoweb.com.br
Internet: http://www.liv-advogado.com.br

Impresso no Brasil / Printed in Brazil

Mãe, à ti, que tudo me deu e que até hoje teus ensinamentos me acompanham, fazendo sempre que as horas difíceis, sejam apenas horas!

in Memoriam

Prefácio

O Dr. Aristides de Arruda Neto, bacharel em Ciências Jurídicas e Sociais, é um advogado com larga experiência profissional que procura transmitir, neste livro – Acidentes de Trânsito - Roteiro Básico das Ações nos Juizados Especiais Cíveis – o resultado dos seus estudos e da sua constante atuação no patrocínio de causas diversas.

Os advogados têm formas e estilos diferentes de agir, na preparação dos processos, no relacionamento com os clientes, no modo de se conduzirem diante dos juízes e dos adversários e até na maneira de exporem as razões escritas ou orais, em cada caso.

É evidente que o êxito, no exercício da profissão, depende da formação intelectual, das características, da dedicação, do esforço e da crença com que cada um se joga na realização do seu trabalho; para tanto, o livro é fundamental.

Bill Gates, poderoso homem da informática, disse que daria computadores a seus filhos, porém, primeiro lhes daria livros.

O autor abrange uma extensa gama de temas do Direito, na área do acidente de trânsito, principalmente, na parte processual. Cuida da competência, definida pela Lei 9.099, de 26.9.95 - Juizados Especiais Cíveis - da petição inicial, da prova, da citação, da revelia, da conciliação e do Juízo Arbitral, da audiência, da sentença, do recurso, do julgamento, enfim, trata com aptidão, correção e clareza um dos mais complexos e polêmicos problemas no mundo do Direito: o acidente de trânsito.

A Lei 9.099, de 26.9.95 é, em seu livro, exaustivamente estudada, no seu procedimento sumário.

Todas as causas cujo valor não seja superior a quarenta vezes o salário mínimo são de competência dos Juizados Especiais, e a celeridade na apreciação dos pleitos é o objetivo da nova legislação.

Considero que é um enorme avanço para a prestação jurisdicional. O Juizado Especial é uma tentativa de mudar a pesada estrutura do Judiciário, procurando rápida solução para os conflitos de interesses, ou seja, a realização prática do direito de cada cidadão.

O Estado, por seus instrumentos de expressão, Executivo, Legislativo e Judiciário, não conseguiu acompanhar as transformações ocorridas nos demais setores de uma sociedade moderna.

Assistimos, por toda parte, os debates, discussões sobre a imperiosa e irreversível necessidade de profundas modificações nas estruturas de manifestação do Poder Público.

O Poder Judiciário não precisa de qualquer tipo de controle externo para o exercício das suas atribuições. Alterem-se-lhe as estruturas envelhecidas e anacrônicas, oferecendo-lhe recursos materiais e humanos, e os juízes, promotores e advogados comprovarão a eficiência e a eficácia no desempenho das suas funções.

O controle externo é um atentado à autonomia e à liberdade do Judiciário, último bastião da cidadania.

A atualização permanente de conhecimentos, através de livros, revistas, jornais, emissoras de rádio e tevê, seminários, simpósios é fundamental para qualquer atividade, principalmente para a advocacia que lida com os direitos do ser humano.

Um estudo sério sobre acidentes de trânsito, com roteiro básico das ações nos Juizados Especiais, fundamentado no respectivo processo, constitui-se numa valiosa e oportuna contribuição para a atualização dos profissionais do Direito.

O autor dispensava apresentações, pois revelou-se sempre um colega estudioso, conhecedor profundo dos fatos do cotidiano que um bom advogado precisa saber; todavia, aqui está a manifestação de um homem que, embora dedicado com amor à política, tem paixão pela Advocacia.

Alceu Collares
Advogado

Sumário

Introdução	13
Primeira Parte - Teoria	17
1. Da competência	19
2. Do pedido	20
3. Valor da causa	20
4. Das despesas	21
5. Das provas	22
6. Denunciação à lide	23
7. Da citação	23
8. Desistência da ação	24
9. Da revelia	25
10. Conciliação e juízo arbitral	25
11. Do acordo extrajudicial	26
12. Da audiência	26
13. Da contestação	27
14. Da sentença	28
15. Do recurso	29
16. Prazo do recurso	30
17. Do julgamento	31
18. Embargos de declaração	31
19. Extinção do processo sem julgamento do mérito	32
20. Execução de sentença	33
21. Do cálculo	34
22. Da penhora de bens	34
23. Embargos à execução	35
24. Da avaliação	35
25. Da alienação de bens	36

26. Arrematação e adjudicação 37
27. Do pagamento ao exeqüente 37
Segunda parte - Modelos 39
1. Petição inicial 41
2. Contestação 44
3. Petição pedindo o encaminhamento do recurso 47
4. Recurso 48
5. Petição pedindo o encaminhamento das
   contra-razões do recurso 50
6. Contra-razões do recurso 51
7. Embargos de declaração 53
8. Petição de execução de sentença 55
9. Embargos à execução 56
10. Alvará judicial 57
Terceira Parte - Legislação 59
Quarta Parte - Jurisprudência 79
   Bibliografia 99

Introdução

Reza *in verbis* o artigo 159 do Código Civil Brasileiro: "Aquele que, por ação ou omissão voluntária, ou imprudência violar direito, ou causar prejuízo a outrem, fica obrigado a reparar o dano. A verificação da culpa e a avaliação da responsabilidade regulam-se pelo disposto neste Código, artigos 1.518 a 1.532 e 1.537 a 1.553". A responsabilidade civil é conceituada por Maria Helena Diniz (*Curso de Direito Civil Brasileiro*, 7º Volume. São Paulo: Editora Saraiva, 1984, p.32), como: "a aplicação de medidas que obriguem uma pessoa a reparar dano moral ou patrimonial causado a terceiros, em razão de ato por ela mesma praticado, por pessoa por quem ela responde, por alguma coisa a ela pertencente ou de simples interposição legal".

Quanto ao seu fato gerador, a responsabilidade civil pode ser de duas ordens: contratual, quando decorre da inexecução de negócio jurídico, e extracontratual, resultante da prática de ato ilícito.

Os atos ilícitos são definidos por Pontes de Miranda (*Tratado de Direito Privado*, tomo I. São Paulo: Editora Revista dos Tribunais, 4ª Edição, 1983, p.88) como "atos contrários a direito, quase sempre culposos, porém não necessariamente culposos, dos quais resulta, pela incidência da lei e *ex lege*, conseqüências desvantajosas para o autor".

O efeito principal decorrente do ato ilícito é o de sujeitar seu autor ao dever de indenizar.

Ainda, segundo o insigne mestre Pontes de Miranda, os elementos integrativos do ato ilícito são: um ato ou omissão; imputabilidade ao réu, salvo casos excepcionais de reparação; danosos por perda ou privação de ganho; e ilícito, ou seja, contrário a direito.

A imputabilidade integra a culpa. Sobre a noção de culpa, preleciona Maria Helena Diniz (ob. cit., p. 57): "René Savatier, de modo lapidar, define-a como a inexecução de um dever que o agente podia conhecer e observar. Pressupõe, portanto, um dever violado (elemento objetivo) e a imputabilidade do agente (elemento subjetivo). A imputabilidade abrange a possibilidade, para o agente, de conhecer e observar o dever, pois, para que alguém pratique ato ilícito e responda pela reparação do dano que causou, será necessário que tenha capacidade de discernimento, de modo que aquele que não puder ter vontade própria ou for desprovido de entendimento não incorrerá em culpa, por não ter idoneidade para praticar ato ilícito".

Um dos elementos essenciais caracterizadores da existência do ato ilícito e da responsabilidade civil aquiliana é o dano definido como prejuízo resultante de uma lesão a direito. Não constitui aspecto conceitual a valoração do prejuízo, mas, ponto que merece análise para aplicação da reparação integral.

A certeza, a atualidade e a subsistência constituem requisitos do dano ressarcível.

A atualidade significa que o dano já existe ou existiu quando da pretensão de reparação.

A certeza do dano diz com a sua ocorrência em função de fato não hipotético, mas preciso.

A subsistência é vinculada à ausência de reparação pelo agente anteriormente à ação de indenização que for promovida pela vítima.

Na doutrina, entre as formas de dano, destacam-se o dano patrimonial e o dano moral. Antunes Varela (*Dano Indireto, apud* Maria Helena Diniz, ob. cit. p. 55) define o dano patrimonial como: "a lesão concreta que afeta um interesse relativo ao patrimônio da vítima, consistente na perda ou deterioração, total ou parcial, dos bens materiais que lhe pertencem, sendo suscetível de avaliação pecuniária e de indenização pelo responsável".

A teor do disposto nos artigos 1.059 e 1.060 do Código Civil, o dano patrimonial abrange o dano emergente e também os lucros cessantes. Antunes Varela (*Dano Indireto, apud* Maria Helena Diniz, ob. cit. p. 57) ensina que: "o dano emergente consiste no prejuízo causado em direitos já existentes na titularidade da vítima por ocasião do evento lesivo, e o lucro abrange os danos alusivos a direitos ainda não pertencentes ao lesado a essa data".

Segundo Caio Mário da Silva Pereira in *Responsabilidade Civil*, 3ª Edição, Rio de Janeiro: Editora Forense, 1992, p. 54, Savatier (*Traité de La Responsabilité Civile*, vol. II, nº 525) conceitua dano moral como "qualquer sofrimento humano que não é causado por uma perda pecuniária".

Feitas essas considerações doutrinárias, passaremos a indicar o roteiro básico das ações em acidentes de trânsito no procedimento sumário, com sugestões de modelos, naturalmente adaptáveis a cada caso.

Primeira Parte

Teoria

1. Da competência

Em virtude da publicação da Lei 9.099, de 26.9.95 (Juizados Especiais) o procedimento sumário ficou bastante limitado em sua aplicação, sendo que todas as causas cíveis de menor complexidade correspondentes a esse procedimento passaram à competência do Juizado Especial, sendo regidas pelo mesmo (art. 3º, *caput*, I e II - LJE), cujo valor não exceda a 40 (quarenta) vezes o salário mínimo vigente. Entretanto, se a causa for superior àquele limite, o autor, podendo optar pelo juízo comum, escolheu o Juizado Especial, deverá renunciar expressamente ao que exceder dessa quantia, salvo na hipótese de conciliação (art. 3º, § 3º)

Para as causas previstas na referida Lei 9.099, é competente o Juizado do foro do domicílio do réu (art. 4º, I) ou do autor ou ainda do local do fato, nas ações para reparação de dano de qualquer natureza (art. 4º, III) ou em qualquer hipótese no foro previsto no art. 4º, I.

Diante do princípio da celeridade processual, as causas disciplinadas na Lei 9099 correm durante as férias forenses.

2. Do pedido

Será instaurado o processo com a apresentação do pedido, que poderá ser por escrito ou oral, à secretaria do Juizado. (art. 14, *caput* e § 3º) Caso o pedido escrito contiver os requisitos no § 1º do mesmo artigo, poderá desde logo ter andamento. Do contrário, deverá ser emendado ou completado. (CPC, art. 284)

Nos pedidos, não há necessidade de ser mencionada lei alguma e poderão ser alternativos ou cumulados, o que neste caso uma vez conexos, a soma não deverá ultrapassar o limite fixado no § 3º do art. 3º. .(art. 15)

Uma vez registrado o pedido, será designada pela secretaria do Juizado a sessão de conciliação, que se realizará no prazo de 15 (quinze) dias (art. 16), tempo suficiente para que o réu verifique se lhe convém aceitar a conciliação ou o juízo arbitral, ou ainda se prefere aguardar a audiência de instrução e julgamento.

Se ambas as partes comparecerem, inicialmente, será desde logo instaurada a sessão de conciliação, sendo dispensados, neste caso, o registro prévio de pedido e a citação. E, havendo "pedidos contrapostos", poderá também ser dispensada a contestação formal, sendo que ambos serão apreciados pelo juiz na mesma sentença (art. 17 e par. único)

3. Valor da causa

As partes comparecerão pessoalmente nas causas de valor até 20 (vinte) salários mínimos, podendo ser assistidas por advogado. Nas de valor superior, porém, a assistência é obrigatória (art. 9º, *caput*) Terá a outra parte, se quis,er assistência judiciária prestada por órgão instituído junto ao Juizado Especial, se uma das partes comparecer assistida por advogado, ou se o réu for pessoa jurídica ou firma individual (art. 9º, § 1º), caso em que poderá ser representado por preposto credenciado (art. 9º, § 4º), cujo documento deverá ter firma reconhecida.

O valor da causa será a soma do principal, devidamente atualizado à data da propositura da ação, mais juros de mora sobre esse total (cfe. LEF art. 34, § 1º), não se computando honorários advocatícios. No pedido alternativo, o valor da causa é o do maior pedido; no de cumulação, a soma de todos.

4. Das despesas

No Juizado Especial, em primeiro grau de jurisdição, o acesso não dependerá do pagamento de custas, taxas ou quaisquer despesas. (art. 54)

Não será condenado o vencido quando da sentença prolatada em primeiro grau, em custas e honorários advocatícios, salvo os casos de litigância de má-fé. (art. 55)

Os honorários, quando concedidos na sentença decorrente de má-fé do vencido (art. 17, CPC), não constituem despesa processual, para efeito de preparo de recurso. Compreende tão-somente o reembolso das despesas que foram ou deveriam ter sido efetuadas pela parte vencedora, se esta não gozasse de assistência judiciária gratuita, mais as custas do preparo.

Ao litigante de má-fé, poderá ser imposta de ofício pelo juiz, pena que deverá fixar desde logo o valor da indenização devida. (art. 18, § 2º, CPC)

No recurso, na forma do § 1º, artigo 42, deverá ser efetuado o devido preparo que compreenderá todas as despesas processuais, inclusive aquelas que foram dispensadas em primeiro grau de jurisdição, salvo a hipótese de assistência judiciária gratuita. (par. único do art. 54)

Vencido o recorrente em segundo grau, deverá este pagar as custas e honorários advocatícios, que serão fixados pelo juiz entre dez e vinte por cento do valor da condenação ou, no caso de não haver condenação, do valor corrigido da causa, desde a data do ajuizamento da ação até a efetiva satisfação do débito (art. 55):

Na execução, não serão contadas custas, salvo quando:

a) for reconhecida a litigância de má-fé;

b) julgados improcedentes os embargos do devedor (art. 52, IX);

c) em se tratando de execução de sentença que tenha sido objeto de recurso improvido do devedor. (par. único do art. 55)

5. Das provas

Todas as provas em Direito permitidas, ainda que não especificadas em lei, têm habilidade para provar a veracidade dos fatos que forem alegados pelas partes (art. 32, *caput*) e serão produzidas na audiência de instrução e julgamento, mesmo que não requeridas previamente, sendo facultado ao juiz limitar ou excluir as que forem consideradas por ele excessivas, impertinentes ou protelatórias. (art. 33, *caput*)

Quanto à prova testemunhal, existe o limite legal para o número de testemunhas, até o máximo de três para cada parte, que comparecerão à audiência de instrução e julgamento levadas pela parte que as tenha arrolado independentemente de intimação, ou se for requerido mediante esta. (art. 34, *caput*)

Nos Juizados Especiais, não se admite a inquirição de testemunhas por precatória, já que "todas as provas serão produzidas em audiência de instrução e julgamento". (art. 33, *caput*)

6. Denunciação à lide

Conforme determina o art. 10, não se admitirá oposição, nomeação à autoria, denunciação à lide e chamamento ao processo, sendo admitida a assistência litisconsorcial (CPC, art. 54). Entretanto, é lícito ao réu, na sua contestação formular pedido, a seu favor, nos limites do art. 3º desta lei , desde que fundado nos mesmos fatos que constituírem objeto da controvérsia. (art. 31, *caput*)

7. Da citação

As partes serão citadas por correspondência com aviso de "AR" (art. 18, I), que será assinado pelo próprio réu ou seu bastante procurador, independente de mandado ou carta precatória. Se necessário, a citação será feita por oficial de justiça. (art. 18, III)

Em se tratando de pessoa jurídica ou firma individual, a citação se fará mediante entrega ao encarregado da recepção que, obrigatoriamente, deverá identificar-se. (art. 18, II)

É vedada a citação por edital (art. 18, § 2º), porém poderá a mesma ser feita com hora certa.

No entanto, caso não seja possível realizá-la, a não ser somente por edital, será extinto o processo, nos termos do art. 267, IV, do CPC, combinado com o art. 51, *caput*, da LJE. Suprirá a falta ou a nulidade da citação caso haja o comparecimento espontâneo das partes. (art. 18, § 3º)

Se o réu comparecer à sessão de conciliação, já não poderá mais alegar a nulidade da citação, muito embora lhe seja facultado pedir adiamento da audiência de instrução, alegando prejuízo (art. 27, *caput*) mas, somente desta, e não da sessão de conciliação.

As intimações serão feitas na mesma forma prevista para a citação ou ainda por qualquer outro meio de comunicação (art. 19) cujos atos praticados na audiência serão as partes consideradas desde logo cientes.

8. Desistência da ação

Uma vez efetuada a citação, já não é mais possível a desistência da ação, pois a lei é silente nesse sentido. Porém, na melhor das hipóteses, antes de aberta a sessão de conciliação, o autor teria de manifestar-se a respeito.

9. Da revelia

Pela ausência do demandado à sessão de conciliação ou à audiência de instrução e julgamento, serão considerados como verdadeiros os fatos alegados no pedido inicial, salvo se na convicção do juiz resultar o contrário (art. 20, *caput*) ou, também, salvo motivo de força maior, que poderá ser comprovada até a interposição do recurso (art. 41, *caput*), sendo então proferida a respectiva sentença pelo juiz togado. (art. 23 *caput*)

10. Conciliação e juízo arbitral

Aberta a sessão de conciliação, o juiz (togado ou leigo) fará os devidos esclarecimentos às partes presentes sobre as vantagens da conciliação, apontando-lhes os riscos e as conseqüências da demanda, muito especialmente o que dispõe o § 3º do art. 3º da LJE, cientificando-lhes nesta oportunidade de que, não havendo conciliação e se estiverem concordes, lhes é facultado instituir o Juízo Arbitral, esclarecendo no que consiste (art. 24), cujo árbitro será escolhido dentre os juízes leigos. (§ 2º do art. 24)

Segundo Marcus Cláudio Aquaviva, in *Dicionário Jurídico Brasileiro* 3ª ed., São Paulo: Editora Jurídica Brasileira Ltda.,1993, p. 741, o "Juízo Arbitral é o órgão julgador instituído na forma da lei, pelas próprias partes que litigam em juízo ou extrajudicialmente, a respeito de direitos patrimoniais que admitem transação. O árbitro é o juiz de fato e de direito, e a sentença que proferir é irrecorrível, a não ser que as partes tenham estipulado o contrário.

Compromisso é o ato pelo qual as partes, denominadas compromitentes, constituem o Juízo Arbitral, fixando-lhe o objeto e escolhendo o árbitro. CPC, arts. 1.072 a 1.102".

11. Do acordo extrajudicial

O acordo valerá como título extrajudicial, se for referendado pelo representante do Ministério Público. (par. único, art. 57 da LJE e art. 585, VII, do CPC)

As partes deverão solicitar pessoalmente a homologação, ou apresentação de petição conjunta nesse sentido.

Uma vez autuado o respectivo pedido, o juiz proferirá sentença nos termos do art. 269, III, do CPC, que, homologada no Juizado Especial, será irrecorrível. (art. 41, *caput*)

Poderá ser homologado no juízo competente o acordo extrajudicial que for celebrado pelas partes, por instrumento escrito de qualquer natureza ou valor, independentemente de termo, valendo a respectiva sentença como título executivo judicial. (art. 57 da LJE e art. 584, III, do CPC)

Se não houver homologação, caberá o devido recurso.

12. Da audiência

Não havendo conciliação e não tendo sido instituído o Juízo Arbitral, será de pronto iniciada a audiência de instrução e julgamento, uma vez que as partes estejam de acordo e que não venha resultar nenhum prejuízo para a defesa (art. 27), e ainda se a exordial for instruída com prova documental inequívoca ou a questão for exclusivamente de direito.

Na impossibilidade da sua imediata realização, será então a audiência determinada pelo juiz para um dos 15 (quinze) dias subseqüentes, cujas partes e testemunhas eventualmente presentes ficarão cientes. (par. único do art. 27)

Na data designada, em prosseguimento à audiência, as partes serão ouvidas, colhidas e apreciadas as provas pelo juiz, e a parte contrária manifestar-se-á imediatamente sobre os documentos apresentados pela outra sem interrupção da audiência. (art. 29 e parágrafo)

Logo após, será exarada pelo juiz a respectiva sentença. (art. 28)

13. Da contestação

Contendo toda a matéria de defesa, a contestação poderá ser oral ou escrita, excetuando-se a argüição de suspeição ou impedimento do juiz que será processada na forma da legislação vigente. (art. 30, *caput*)

Por ocasião da contestação, é lícito ao réu formular pedido a seu favor, sempre nos limites determinados no art. 3º da LJE, desde que os fatos que constituam objeto da controvérsia sejam os mesmos. (art. 31)

Na própria audiência, o autor poderá responder ao "pedido contraposto" efetuado pelo réu (art. 17, par. único) que, na linguagem do CPC, denomina-se de reconvenção, mesmo não sendo esta admitida na

LJE (art. 31, 1ª parte), ou então requerer a designação de uma nova data para resposta, que, cientes todos os presentes, será desde logo determinada pelo juiz. (par. único do art. 31)

14. Da sentença

Conterá a sentença os elementos de convicção do juiz, com breve resumo dos fatos relevantes que ocorreram em audiência e em especial os informes trazidos nos depoimentos (art. 38) dispensado em princípio o relatório.

Segundo o par. único do art. 38, ainda que genérico o pedido (art. 14, § 2º) não será admitida sentença condenatória por quantia ilíquida (art. 52, I), sendo ineficaz a sentença condenatória na parte que exceder a alçada estabelecida na lei, que é de 40 (quarenta) salários mínimos calculados na data da propositura da ação. (art. 39)

Essa parte excedente não pode ser executada, devendo ser acolhidos, conseqüentemente, embargos à execução que eventualmente sejam opostos. (art. 52, IX, *b*)

A sentença terá de apreciar por inteiro os pedidos contrapostos, quando houver, pois nula será se for esgotada a prestação jurisdicional; entretanto, em grau de recurso, o colegiado poderá considerá-la válida, pelo entendimento de que houve rejeição implícita de um pedido quando essa conclusão constitua decorrência necessária do acolhimento de outro, tanto do adversário como da própria parte.

A decisão proferida pelo juiz leigo (art. 40) que tiver dirigido a instrução, a qual não comporta recurso, pois trata-se de um simples "relatório", será imediatamente submetida ao *placet* do juiz togado, que poderá homologá-la, substituí-la por outra de seu convencimento ou determinar a realização de atos probatórios indispensáveis antes de se manifestar.

Somente após a intimação da sentença deste é que começa a fluir o prazo para recurso.

No Juizado Especial, no entanto, das decisões interlocutórias não cabe qualquer recurso, bem como as sentenças homologatórias de conciliação ou de laudo arbitral são irrecorríveis. (art. 41)

15. Do recurso

Com exceção da sentença homologatória de conciliação ou do laudo arbitral, caberá recurso perante o próprio Juizado, cujas partes serão obrigatoriamente representadas por advogado. (art. 41, *caput*, § 2º)

Porém, das decisões interlocutórias não cabe qualquer ato recorrível, conseqüentemente não transitando em julgado, podendo a parte que se considerar prejudicada impugná-las na oportunidade do recurso, muito especialmente no que se refere ao cerceamento de defesa.

No Juizado Especial o "recurso" corresponde à apelação no processo comum, cabível sempre quando o juiz com ou sem julgamento do mérito da causa, põe termo a demanda. (CPC, art. 513 c/c art. 162, § 1º)

O recurso será decidido pelo Colegiado do próprio Juizado, composto de três juízes togados, em exercício no primeiro grau de jurisdição (art. 41, § 1º), e terá somente efeito devolutivo, podendo ser a sentença executada provisoriamente (art. 587, *in fine*, do CPC), facultado, no entanto, ao juiz dar-lhe efeito suspensivo com o intuito de evitar à parte, dano irreparável. (art. 43)

Poderá, também, o recurso ser denegado pelo juiz, se incabível ou mesmo fora de prazo.

Dessa decisão, poderá comportar mandado de segurança para o Colegiado e a deste, excepcionalmente, dar oportunidade a mandado de segurança para os Tribunais de Justiça ou de Alçada.

Como a Lei 9.099 não prevê a interposição de agravo, nesse caso será facultado à parte dirigir por meio do juiz, expondo suas razões, uma petição ao Colegiado para que este determine a subida do recurso ao qual não se negará seguimento. Sendo deferida em segundo grau, o órgão competente reapreciará no julgamento do recurso o que se refere ao seu cabimento ou intempestividade.

Caso seja indeferida, estará consumado o trânsito em julgado da decisão denegatória.

16. Prazo do recurso

No prazo de 10 (dez) dias, será o recurso interposto perante o Juizado mediante petição escrita, a contar da ciência da sentença prolatada, contendo suas razões e o conseqüente pedido do recorrente. (art. 42)

O referido prao, corre nas férias forenses, diante do princípio da celeridade (art. 2º), e o respectivo preparo deverá ser efetivado independentemente de intimação, nos 2 (dois) dias seguintes à interposição do recurso, sob pena de deserção que é automática e que ocorre pelo simples decurso daquele prazo, devendo ser declarada pelo juiz. (§ 1º do art. 42) Efetivado o preparo, será o recorrido intimado pela secretaria para apresentar sua resposta escrita (contra-razões do recurso) no prazo de 10 (dez) dias. (§ 2º do art. 42)

17. Do julgamento

Após o julgamento pelo Colegiado cujas partes serão intimadas da sessão (art. 45) com antecedência mínima de 48 horas segundo o art. 552, § 1º, do CPC, facultada a sustentação oral da apelação caberá o recurso de Embargos de Declaração, se for o caso.

O acórdão do Colegiado não enseja recurso especial que só é admissível contra acórdão de Tribunal, não comporta ação rescisória (art. 59), mas pode dar lugar a recurso extraordinário, se houver matéria constitucional que não exige seja proferida por Tribunal a decisão recorrida e não dá recurso algum aos Tribunais de Justiça ou Alçada.

18. Embargos de declaração

A Lei 9.099 não admite embargos infringentes, só comportando embargos de declaração (cf. CPC, arts. 535 a 538) contra acórdão do Colegiado ou mesmo da sentença, quando houver obscuridade, contradição ou omissão (art. 48), já que a dúvida foi suprimida no referido artigo 535 do CPC.

Podem os erros materiais, tanto da sentença assim como do acórdão, bem como os erros de cálculo, ser corrigidos de ofício ou mediante requerimento da parte a qualquer tempo (par. único do art. 48)

Os Embargos de Declaração poderão ser interpostos por escrito ou mesmo oralmente no prazo de 5 (cinco) dias (art. 49) após ter sido tomada ciência da intimação da sentença (art. 52, III) ou do acórdão (arts. 45 e 46), não sendo ouvida a outra parte.

Esses embargos suspendem, mas não interrompem (art. 50) o prazo para a apresentação de outros recursos, ao contrário do que ocorre no processo comum (art. 538, CPC), e somente quando não tenha havido o julgamento do mérito. Poderá como conseqüência o processo ser reinstaurado no mesmo Juizado, levando-se em conta o princípio da economia processual, mas caberá ao autor a sucumbência (custas e honorários) se neles tiver sido condenado, para que se reinicie o processo.

19. Extinção do processo sem julgamento do mérito

No Juizado Especial o processo será extinto (art. 51), além dos casos determinados nos artigos 267 e 269 do CPC:

a) quando o autor não comparecer a qualquer das audiências designadas ou mesmo à sessão de conciliação;

b) pela inadmissibilidade do procedimento instituído pela Lei 9.099 (arts. 3º e 8º) ou seu prosseguimento após a conciliação, já que a própria sentença homologatória desta é irrecorrível (art. 41, *caput*);

c) quando a incompetência territorial for reconhecida (art. 4º) e que deve ser aduzida na contestação;

d) quando houver impedimentos previstos no art. 8º desta Lei;

e) se, falecido o autor, a habilitação depende de sentença ou não se efetuar no prazo de 30 (trinta) dias contados da ciência do fato;

f) falecido o réu, não tenha sido promovida a citação pelo autor dos respectivos sucessores igualmente no prazo de 30 (trinta) dias do conhecimento do fato.

O processo será extinto em qualquer hipótese, independente da prévia intimação pessoal das partes litigantes (art. 51, § 1º), não ensejando a elas a possibilidade de regularizá-lo.

20. Execução da sentença

A intimação da sentença será feita, na medida do possível, na própria audiência em que for proferida, ocasião em que o vencido será questionado a cumprir a decisão tão logo tenha transitado em julgado, sendo advertido dos efeitos de seu não-cumprimento. (art. 52, III)

Se não cumprida voluntariamente, mediante solicitação do interessado, que poderá ser verbal, proceder-se-á imediatamente à execução, sendo nova citação dispensada. (art. 52, IV)

A execução da sentença será então processada no próprio Juizado (art. 52, *caput*) com a aplicação no que for cabível do disposto no CPC, artigos 566 a 795, menos os artigos 748 a 786.

21. Do cálculo

As sentenças serão obrigatoriamente líquidas, contendo a devida correção pelo índice usado no Fórum, sendo que os respectivos cálculos de juros, honorários, custas e outras parcelas deverão ser efetuados pelo Contador Oficial (art. 52, I e II), uma vez que a Lei 9.099 restabeleceu este procedimento para o Juizado Especial e que havia sido suprimido no Juizado comum pela Lei 8.898, de 29.6.94.

22. Da penhora de bens

O executado será citado para pagar o valor da execução em 24 horas, ou nomear bens à penhora (art. 652, CPC), incumbindo-lhe fazer a referida nomeação, observando a ordem do artigo 655 do CPC.

Se não o fizer, caberá ao exeqüente o direito à nomeação.

Não pagando nem fazendo nomeação válida, o Oficial de Justiça penhorar-lhe-á tantos bens quantos bastem para o pagamento do valor principal, acrescido de juros legais, custas processuais e honorários advocatícios, sendo na ocasião lavrado o respectivo auto de penhora com a nomeação do depositário, que poderá ser o próprio executado. (art. 665, IV, do CPC)

Concluída a penhora dos bens, será o executado intimado a comparecer à audiência de conciliação quando poderá oferecer embargos por escrito ou oralmente. (art. 53, § 1º, LJE)

Será, então, na audiência buscado o meio mais rápido e eficaz para a solução da demanda, se possível com a dispensa da alienação judicial, ocasião em que o conciliador proporá, entre outras medidas cabíveis, o pagamento do débito mediante um prazo ou mesmo em prestações, a dação em pagamento, ou a imediata adjudicação do bem penhorado. (art. 53, § 2º)

Sendo obtida a conciliação, será irrecorrível a sentença que a homologar. (art. 41, *caput*)

23. Embargos à execução

O executado poderá oferecer embargos, nos autos da execução, antes do trânsito em julgado da sentença (art. 52, III), alegando falta ou nulidade da citação no processo, evidente excesso de execução (art. 39), erro de cálculo (art. 48, par. único) ou ainda qualquer causa impeditiva, modificativa ou extintiva da obrigação, superveniente à sentença (art. 52, IX), como pagamento, novação e compensação com execução aparelhada. (CPC, 741, VI)

Se não tiver havido decisão sobre o assunto, na fase de conhecimento, os embargos à execução também podem alegar a incompetência absoluta do Juizado Especial.

Quanto à sentença proferida nos embargos à execução, comporta recurso. (art. 41, *caput*)

24. Da avaliação

Em prosseguimento à execução e não havendo qualquer das hipóteses do art. 684 do CPC, o juiz a pedido do exeqüente nomeará perito para avaliar os bens penhorados, se não houver, na comarca, avaliador oficial, ressalvada a existência de avaliação anterior. (art. 680 do CPC)

Dentro do prazo de 10 (dez) dias, o avaliador apresentará o respectivo laudo, com a descrição completa dos bens, suas características, o estado em que se encontram e ainda o seu valor. (art. 681 do CPC)

Entretanto, não se efetuará a avaliação nos casos previstos no art. 684 do CPC. Após a apresentação do laudo, poderá o juiz, a pedido do interessado e ouvindo-se a parte contrária, mandar reduzir ou ampliar a penhora. (art. 685, CPC)

25. Da alienação de bens

Quando a penhora recair sobre imóvel, será feita a alienação em praça.

Será ela precedida de edital (art. 686, CPC), apresentado à parte pelo respectivo cartório para publicação em resumo na imprensa com antecedência mínima de 5 (cinco) dias, pelo menos uma vez em jornal de ampla circulação local (art. 687, CPC), sendo nula a praça se o edital for publicado no Diário da Justiça, uma vez que não é considerado jornal de ampla circulação.

A publicação só será feita em órgão oficial, quando o exeqüente for beneficiário da Justiça gratuita.

Na alienação forçada dos bens, poderá o juiz autorizar o devedor, o credor ou terceira pessoa idônea a tratar da alienação do bem penhorado, a qual se aperfeiçoará em juízo até a data fixada para

a praça ou leilão. Sendo o preço inferior ao da avaliação, as partes serão ouvidas. Se o pagamento não for à vista, será oferecida caução idônea nos casos de alienação de bem móvel, ou hipotecado o imóvel. (art. 52, VII)
Quando se tratar de alienação de bens de pequeno valor, é dispensada a publicação de editais em jornais. (art. 52, VIII)
Da alienação judicial, será o executado intimado pessoalmente por mandado, em carta com "AR" ou por outro meio idôneo, do dia, hora e local da alienação judicial.

26. Arrematação e adjudicação

A arrematação far-se-á com dinheiro à vista, ou no prazo máximo de 3 (três) dias, mediante caução idônea (art. 690, *caput*, do CPC), constando de auto que será lavrado 24 (vinte e quatro) horas depois de realizada a praça ou leilão (art. 693, *caput*, CPC), que, assinado pelo juiz, pelo escrivão, pelo arrematante e pelo porteiro ou leiloeiro, considerar-se-á perfeita, acabada e irretratável. (art. 694, *caput*, CPC)
Terminada a praça, sem lançador, é permitido ao exeqüente requerer lhe sejam adjudicados os bens penhorados, oferecendo preço não inferior ao constante do edital. (art. 714, *caput*, CPC)

27. Do pagamento ao exeqüente

O pagamento far-se-á pela entrega do dinheiro depositado judicialmente para segurar o juízo ou o produto dos bens alienados, mediante *alvará judicial* autorizado pelo juiz, cujo crédito abrange o principal, juros legais, custas e honorários advocatícios, além da correção monetária devida. (art. 709, *caput*, CPC)

O credor hipotecário tem direito de preferência ao levantamento do preço depositado, ainda que não haja proposto a execução e tenha sido penhorado o imóvel hipotecado. (art. 711, CPC)

Satisfeita a obrigação, ficará extinta a execução. (art. 794, I, CPC)

Segunda Parte
Modelos

1. Petição inicial

EXMO. SR. DR. JUIZ DE DIREITO
.... JUIZADO ESPECIAL DE CAUSAS CÍVEIS
Fórum da Comarca de ....

FULANO DE TAL, (qualificação), com endereço à ..
.... na cidade de ......, vem respeitosamente pelo presente, por seu procurador *ut* incluso instrumento de mandato, dizer a Vossa Excelência que quer propor, como ora propõe, com fundamento no art. 159 do CC e art. 3º, II, da Lei 9.099, de 26.9.95, a presente

AÇÃO DE REPARAÇÃO DE DANOS
CAUSADOS EM ACIDENTE DE VEÍCULO

do processo de cognição, contra BELTRANO DE TAL, (qualificação) com endereço à .... na cidade de ...
... por entender que a competência desse Juizado é absoluta e não opcional, e pelos fatos e fundamentos que passa a expor :
 1. - O autor é proprietário do veículo ......, ano de fabricação ...., modelo ......, placas ......, cor ......, devidamente registrado no Detran de ......;
 2. - O referido veículo, no dia ......, conduzido pelo seu motorista ...... (ou proprietário), quando trafegava pela ...... (discriminar) no sentido ......, na altura do nº ...... (ou km) daquela rodovia (ou avenida) teve sua parte ...... colhida pelo ...... (também discriminar), dirigido pelo réu (ou seu preposto) ;
 3. - Dirigindo em alta velocidade (ou outra razão) com imperícia, imprudência e negligência, o réu não obedeceu à sinalização existente (ou outro motivo), determinando o evento quase ocasionando a sua morte e

dos demais ocupantes do . . . . . ., que foram socorridos e medicados (ou outra conseqüência) ;

4. - Ao autor não era facultado supor, naquele momento, já que estava trafegando em velocidade moderada, que seria atingido por trás (ou outro motivo), conforme se consta pela Comunicação de Ocorrência Policial sob nº. . . . . ., da . . . . DP de . . . . . . (doc. j.);

5. - Escancarada, pois, a culpa do réu BELTRANO DE TAL.

Daí, a obrigação de indenizar;

6. - Ao veículo do autor, resultaram da colisão danos materiais, que podem ser assim enumerados: . . . . (discriminar), conforme fotos juntadas (se for o caso);

7. - Os referidos danos atingiram a quantia de R$ . . . ., (máximo de 40 salários mínimos), de conformidade com o menor orçamento apresentado, existindo, porém, outro de maior valor (docs. jj.) (3 orçamentos);

8. - O autor buscou ressarcimento dos danos sofridos, porém, não obteve êxito.

Assim, vê-se compelido a exigir o acertamento em juízo, diante da manifesta responsabilidade do réu em causar dano com culpa, na forma do art. 159 do Código Civil Brasileiro.

Isto posto, REQUER a V. Exa. se digne determinar a citação do réu no endereço retrorreferido, para comparecer e se defender na ação proposta e em audiência a ser designada, sob pena de revelia a se cominar expressamente, pedindo seja ao final condenado a pagar o principal de R$ . . . . (-), corrigidos monetariamente desde a data da propositura dessa ação, ou seja, ..., mais juros de mora sobre o total apurado, bem como honorários advocatícios.

REQUER, também, o depoimento pessoal do réu, pena de confissão, bem como a oitiva das testemunhas abaixo arroladas, que deverão ser regularmente intimadas (ou que comparecerão independentemente de intimação).

Valor da Causa : (máximo de 40 salários mínimos)

Termos em que
Pede e Aguarda Deferimento.

Local e Data ......

Assinatura do Procurador

Testemunhas (máximo de três)
1) ....
2) ....
3) ....

2. Contestação

EXMO. SR. DR. JUIZ DE DIREITO
..... JUIZADO ESPECIAL DE CAUSAS CÍVEIS
Fórum da Comarca de ....

Proc. Nº ....

BELTRANO DE TAL, já qualificado nos autos da Ação de Reparação de Danos Causados em Acidente de Veículo conforme processo acima referido que lhe é movido por FULANO DE TAL, neste ato representado por seu procurador abaixo firmado, vem respeitosa e tempestivamente a presença de V. Exa., com base no art. 30 *caput*, da LJE, oferecer CONTESTAÇÃO, dizendo e requerendo o que segue :

HISTÓRICO:

1. - O contestado alega que no dia .... trafegava pela .... (rua/ avenida/ rodovia) no sentido .... quando teve seu veículo ...., ano de fabricação ...., modelo ...., placas ...., atingido por trás (ou outro motivo) devido à velocidade excessiva que o veículo .... (ou outro motivo) de propriedade do contestado desenvolvia e que não obedeceu à sinalização existente (ou outra razão);

2. - Que efetuou o pagamento referente aos danos havidos em seu veículo com base no menor orçamento apresentado, na importância de R$ .... (quantia por extenso);

3. - Alega, ainda, que não obteve êxito no ressarcimento dos danos sofridos, razão pela qual viu-se compelido a exigir o acertamento em juízo.

NO MÉRITO :

O contestante apresenta em sua defesa o seguinte :
a) - Realmente houve a colisão do seu veículo com a parte traseira (ou outro motivo) do carro do contestado, no dia .... às .... horas, quando trafegava pela .... (rua/ avenida/ rodovia), junto ao semáforo existente no local;
b) - Entretanto, a ocorrência verificou-se por absoluta imprudência (ou outro motivo) do contestado (ou seu motorista) que, dirigindo .... (discriminar) descuidadamente freiou repentinamente seu veículo quando se aproximava da sinaleira aberta (ou outro motivo), sendo impossível de ser evitado o choque;
c) - Por outro lado, é de se estranhar que da ocorrência havida, somente fosse feito o devido registro policial pelo contestado 3 (três) meses depois do fato (ou outro motivo);
d) - Talvez não tivesse ele interesse em mostrar a real intensidade dos danos acontecidos com o pequeno abalroamento (discriminar) em seu veículo, que digamos de passagem foram mínimos, não condizentes com os exagerados orçamentos juntados aos autos do processo, razão por que o contestante impugna os referidos orçamentos, não os aceitando como reais (ou outro motivo);
e) - Outrossim, de acordo com o art. 31, *caput* da referida Lei (LJE), o contestante tendo em vista que o seu veículo também sofreu pequenas avarias, por culpa exclusiva do contestado, como já foi descrito acima, REQUER a Vossa Excelência seja o mesmo condenado a pagar a quantia de R$ ...... (quantia por extenso) de conformidade com o menor orçamento apresentado que segue anexo, corrigida monetariamente desde a data da propositura da ação, ou seja, ... , juros de mora sobre o total e honorários advocatícios.

Ante o acima exposto, REQUER o contestante o seguinte:

1. - A improcedência da ação interposta pelo contestado com a condenação do mesmo nos efeitos da sucumbência;
2. - A procedência do pedido formulado pelo contestante, nos termos expostos no item e);
3. - A impugnação do valor pedido pelo conserto do veículo .... do contestado por não expressar a realidade dos danos materiais, mínimos;
4. - A produção de todas as provas em Direito permitidas.

Termos em que
Pede e Aguarda Deferimento.

Local e Data ....

Assinatura do Procurador

3. Petição pedindo o encaminhamento do recurso

EXMO. SR. DR. JUIZ DE DIREITO
.... JUIZADO ESPECIAL DE CAUSAS CÍVEIS
Fórum da Comarca de ....

Proc. Nº ....

........................., já qualificado nos autos da Ação de Reparação de Danos Causados em Acidente de Veículo conforme processo referido que move contra ...., vem respeitosa e tempestivamente pelo presente por seu procurador firmatário, inconformado com a V. Sentença de fls. ......, da mesma recorrer com base no art. 41, § 2º, da LJE, requerendo, assim, sejam as RAZÕES DO RECURSO remetidas para apreciação e julgamento ao Egrégio Colegiado de Magistrados desse Juizado em consonância com a Lei e o Direito.

Termos em que
Pede e Aguarda Deferimento.

Local e Data ....

Assinatura do Procurador

4. Recurso

EGRÉGIO COLEGIADO DE MAGISTRADOS

Proc. Nº ....
Recorrente :. ....
Recorrido : ....

COLENDA CÂMARA RECURSAL

O recorrente, inconformado com a V. Sentença do Juízo *a quo* a fls. .... dos autos do processo acima referido, justamente pelo fato de não ter sido culpado pelo acidente verificado entre o veículo .... de sua propriedade e o .... do recorrido, deseja que após uma melhor análise por Vossas Excelências das peças processuais, seja reformada por inteiro aquela decisão, eis que, ao avaliar os fatos constantes da inicial, dos depoimentos testemunhais e demais provas o ilustre Julgador procedeu de forma a não considerar aspectos relevantes para o deslinde do referido acidente.
Com efeito, a V. Sentença ora impugnada não é nem um pouco coerente com as razões apresentadas pelo recorrente e pelo ponto de vista legal, já que simplesmente não foram levadas em consideração.
Em sua sentença, o julgador *a quo* disse claramente que: (expor o que sentenciou o juiz)
Efetivamente é uma manobra terminantemente proibida pelo Código Nacional de Trânsito. A esse respeito, diz nossa jurisprudência: (transcrever ementas e acórdãos que se coadunem com o caso)

O infrator e único culpado pelo acidente foi efetivamente o veículo do recorrido. Primeiramente, por ter seu motorista praticado uma manobra irresponsável e negligente, inteiramente proibida por lei. (detalhar)
Em segundo lugar, porque ....(também esclarecer detalhadamente). Tais assertivas são confirmadas pelas testemunhas do recorrente (fulano e fulano) em seus depoimentos a fls .... dos autos.
Há ainda, detalhes importantes passados despercebidos pelo Sr. Julgador *a quo*, quando da prolação de sua sentença em audiência do dia ...., senão vejamos:
(esclarecer detalhadamente e falar sobre os depoimentos das testemunhas do recorrido)
Como se depreende, todos esses detalhes não foram vistos pelo Ilustre Julgador *a quo*.
Diante das evidências aqui apresentadas e não levadas em consideração pelo Juízo de 1º Grau, espera o recorrente que Vossas Excelências, eméritos julgadores que são, tenham por bem reformar na sua totalidade a V. Sentença de fls. ...... dos autos do presente processo, julgando procedente a ação proposta por .... e condenando o recorrido .... aos ônus da sucumbência.
Assim o fazendo, estarão certamente Vossas Excelências, a bem da verdade, praticando e distribuindo, como sempre, indesmentida
JUSTIÇA.

Local e Data ....

Assinatura do Procurador

5. Petição pedindo o encaminhamento das contra-razões de recurso

EXMO. SR. DR. JUIZ DE DIREITO
...... JUIZADO ESPECIAL DE CAUSAS CÍVEIS
Fórum da Comarca de ....

Proc. Nº ....

.... já qualificado nos autos da Ação de Reparação de Danos Causados em Acidente de Veículo conforme processo acima referido que lhe move ...., vem respeitosa e tempestivamente, pelo presente por seu procurador abaixo firmado em atenção ao despacho de Vossa Excelência, apresentar as anexas CONTRA-RAZÕES DE RECURSO, cuja juntada requer, como de Direito, para apreciação e julgamento pelo Egrégio Colegiado de Magistrados desse Juizado.

Termos em que
Pede e Aguarda Deferimento.

Local e Data ....

Assinatura do Procurador

6. Contra-razões de recurso

EGRÉGIO COLEGIADO DE MAGISTRADOS

Proc. Nº: ....
Recorrido: ....
Recorrente: ....

COLENDA CÂMARA RECURSAL

Inconformado, o recorrente interpôs recurso da V. Sentença exarada pelo ilustre Juiz leigo, que julgou improcedente a ação entendendo que houve imprudência, negligência e principalmente imperícia (ou outro motivo) de parte do motorista que dirigia o automóvel .. .. causador do acidente, sentença que foi integralmente confirmada por S. Exa. o Juiz de Direito, Presidente.

Em CONTRA-RAZÕES DE RECURSO o recorrido nada tem a dizer quanto aos termos da mencionada sentença, eis que o magistrado não apenas limitou-se a apreciar os documentos juntados no processo, mas, ateve-se também e muito principalmente aos depoimentos apresentados, que, somados, resultaram na correta e sensata decisão proferida.

Eis por que a V. Sentença apelada merece unânime e integral confirmação, pois, como foi dito acima, esteve totalmente apoiada na prova dos autos com o Direito bem aplicado à espécie.

Entretanto, à guisa de esclarecimentos a essa douta Câmara Julgadora, vale dizer que o recorrente, com suas

assertivas, tenta confundir as opiniões a respeito da sentença promulgada, senão vejamos:
 Diz o recorrente que houve ....
(discriminar o que foi dito)
 Note-se, também, que em nenhum momento em sua sentença, S. Exa., o Julgador mencionou ....
.... (apresentar os motivos)
 Entretanto, mesmo que fosse verdadeiro, reza o art. 130 do CPC que cabe ao juiz, de ofício ou de requerimento da parte, determinar as provas necessárias à instrução do processo, indeferindo as diligências inúteis ou meramente protelatórias.
 Ainda, sobre a prova, diz nossa jurisprudência, que:
(colocar jurisprudência correspondente ao caso)
 Por outro lado, discorda o recorrido das razões expostas no mérito pelo recorrente, pois, ...
.... (discorrer sobre a discordância)
 Por essas suas declarações, constata-se que ....
...... (apresentar as razões)
 Sobre isso, diz a jurisprudência pátria que :
(apresentar ementas de acórdãos sobre o assunto)
 Assim, diante do aqui exposto, entende o recorrido, é de ser negado provimento ao recurso interposto e mantida em todos os termos a sábia sentença do ínclito Juízo *a quo*, com o que estarão Vossas Excelências praticando e distribuindo a merecida

JUSTIÇA.

Local e Data ....

Assinatura do Procurador

7. Embargos de declaração

EXMO. SR. DR. JUIZ RELATOR DA ....
TURMA RECURSAL
JUIZADOS ESPECIAIS CÍVEIS
Comarca de ....

EMINENTE RELATOR

Recurso Cível nº ....

FULANO DE TAL, já qualificado nos autos do Recurso acima referido, tendo tomado conhecimento do venerando acórdão de fls. .... proferido em ... ., vem respeitosamente pelo presente por seu procurador firmatário, com guarda do prazo legal de cinco dias e com fundamento no art. 48 da LJE, interpor os presentes
EMBARGOS DE DECLARAÇÃO.

Há, *data venia*, evidente obscuridade e contradição entre a parte expositiva do aludido acórdão embargado, ponto essencial do Recurso, onde Vossa Excelência *a fls*. .
.... diz que : .... (reproduzir na íntegra o que foi dito)
Continua o V. Acórdão afirmando que .... (reproduzir)
Diz ainda que .... (reproduzir)

Concessa venia, questiona o embargante no sentido de ver aclarados os termos obscuros e contraditórios do V. Acórdão, ou seja, a situação apresentada no(s) parágrafo(s) em que é citada a ....
(reproduzir a parte desejada)

E, não pretendendo seja alterado o conteúdo do mencionado acórdão, porém, tão-somente sejam esclarecidos aqueles pontos com a finalidade de obter a aplicação justa do Direito, menciona ainda o embargante que .... (apresentar seus motivos)

À vista do acima exposto, pede assim o embargante sejam os presentes embargos conhecidos para o efeito de, revendo a Colenda Câmara por seu insigne Relator o julgado que proferiu, esclarecer os referidos pontos que neles, como já foi dito, são obscuros e contraditórios.

Termos em que
Pede e Aguarda Deferimento.

Local e Data ....

Assinatura do Procurador

8. Petição de execução de sentença

EXMO. SR. DR. JUIZ DE DIREITO
...... JUIZADO ESPECIAL DE CAUSAS CÍVEIS
Comarca de ....

Proc. Nº ....

FULANO DE TAL, já qualificado nos autos da Ação de Reparação de Danos Causados em Acidente de Veículo conforme processo supradito que move contra ...., desejando EXECUTAR A SENTENÇA exarada em ...., e transitada em julgado em ...., conforme documento anexo (ou confirmada pelo V. Acórdão dos Juízes da .... Turma Recursal do JEC *a fls*. . . dos autos (doc. j.), vem respeitosamente pelo presente por seu procurador abaixo firmado, REQUERER com base no art. 52, *caput* da LJE, o seguinte :
   1. - A citação do réu .... para que pague em 24 horas o valor apurado pelo cálculo do Sr. Contador Judicial à fl. .... (doc. j.), devidamente corrigido e com juros moratórios legais, além dos acessórios, tais como: custas e honorários advocatícios determinados pela mencionada sentença proferida. (ou o que contiver a sentença)
   2. - Caso o réu não efetue o pagamento em referência, REQUER a Vossa Excelência se digne determinar a penhora em tantos bens quantos forem necessários para liquidação do débito e acessórios, tudo na melhor forma de direito e da lei.
   Termos em que
   Pede e Aguarda Deferimento.

Local e Data ....

Assinatura do Procurador

9. Embargos à execução

EXMO. SR. DR. JUIZ DE DIREITO
...... JUIZADO ESPECIAL DE CAUSAS CÍVEIS
Comarca de ....

Proc. Nº ....

FULANO DE TAL, já qualificado nos autos do PROCESSO DE EXECUÇÃO sobredito tramitente nesse DD. Juízo que lhe move BELTRANO DE TAL, também ali qualificado, vem respeitosamente pelo presente por seu procurador infrafirmado e consubstanciado no art. 52, IX, da LJE e art. 741, VI, do Código de Processo Civil, à presença de Vossa Excelência para oferecer EMBARGOS À EXECUÇÃO, pelas razões que passa a expor:
1. - O exeqüente, em Ação de Reparação de Danos Causados em Acidente de Veículo que moveu contra o requerente, teve ganho de causa, mas condicionada ao pagamento de R$ .... (valor por extenso), ao embargante; como até agora essa importância não lhe foi paga, o requerente não se vê com a obrigação de fazer o que lhe deve (docs. anexos) (ou outro motivo)
2. - Deste modo, tão logo seja cumprida a obrigação do exeqüente, o embargante cumprirá o determinado pela sentença prolatada.
Isto posto, REQUER:
a) - Seja julgada improcedente a execução proposta, pelas razões acima expostas;
b) - Seja condenado o exeqüente ao pagamento das despesas processuais, bem como honorários advocatícios;
c) - Requer, outrossim, a juntada desta aos autos do feito.
Termos em que
Pede e Aguarda Deferimento.
Local e Data ....

Assinatura do Procurador

10. Alvará judicial

EXMO. SR. DR. JUIZ DE DIREITO
...... JUIZADO ESPECIAL DE CAUSAS CÍVEIS
Comarca de ....

Proc. Nº ....

FULANO DE TAL, já qualificado nos autos do processo de EXECUÇÃO DE SENTENÇA acima referido movido contra BELTRANO DE TAL, vem, respeitosamente, pelo presente, por seu procurador firmatário, atendendo despacho de Vossa Excelência, REQUERER com base no artigo 709, *caput*, do CPC,

ALVARÁ JUDICIAL

a fim de que possa efetuar o levantamento da quantia de R$ .... (quantia por extenso), depositada no Banco .... (ou posto localizado nesse Fórum), conforme guia de recolhimento constante *a fls.* .... dos autos do mencionado processo.
Termos em que
Pede e Aguarda Deferimento.

Local e Data ....

Assinatura do Procurador

Terceira Parte
Legislação

Juizados Especiais
Lei 9.099, de 26 de setembro de 1995
(texto parcial cível)

LEI Nº 9.099, DE 26 DE SETEMBRO DE 1995

Dispõe sobre os Juizados Especiais Cíveis e Criminais e dá outras providências.

O Presidente da República
Faço saber que o Congresso Nacional decreta e eu sanciono a seguinte lei :

Capítulo I - Disposições gerais

Art. 1º Os Juizados Especiais Cíveis e Criminais, órgãos da Justiça Ordinária, serão criados pela União, no Distrito Federal e nos Territórios, e pelos Estados, para conciliação, processo, julgamento e execução, nas causas de sua competência.

Art. 2º O processo orientar-se-á pelos critérios da oralidade, simplicidade, informalidade, economia processual e celeridade, buscando, sempre que possível, a conciliação ou a transação.

Capítulo II - Dos Juizados Especiais Cíveis

Seção I - Da competência

Art. 3º O Juizado Especial Cível tem competência para conciliação, processo e julgamento das causas cíveis de menor complexidade, assim consideradas:

I - as causas cujo valor não exceda a quarenta vezes o salário mínimo;
II - as enumeradas no art. 275, inciso II, do Código de Processo Civil;
III - a ação de despejo para uso próprio;
IV - as ações possessórias sobre bens imóveis de valor não excedente ao fixado no inciso I deste artigo.

§ 1º Compete ao Juizado Especial promover a execução:
I - dos seus julgados;
II - dos títulos executivos extrajudiciais, no valor de até quarenta vezes o salário mínimo, observado o disposto no § 1º do art. 8º desta Lei.

§ 2º Ficam excluídas da competência do Juizado Especial as causas de natureza alimentar, falimentar, fiscal e de interesse da Fazenda Pública, e também as relativas a acidente de trabalho, a resíduos e ao estado e capacidade das pessoas, ainda que de cunho patrimonial.

§ 3º A opção pelo procedimento previsto nesta lei importará em renúncia ao crédito excedente ao limite estabelecido neste artigo, excetuada a hipótese de conciliação.

Art. 4º É competente, para as causas previstas nesta Lei, o juizado do foro:
I - do domicílio do réu ou, a critério do autor, do local onde aquele exerça atividades profissionais ou econômicas ou mantenha estabelecimento, filial, agência, sucursal ou escritório;
II - do lugar onde a obrigação deva ser satisfeita;
III - do domicílio do autor ou do local do ato ou fato, nas ações para reparação de dano de qualquer natureza.

Parágrafo único. Em qualquer hipótese, poderá a ação ser proposta no foro previsto no inciso I deste artigo.

Seção II - Do juiz, dos conciliadores e dos juízes leigos

Art. 5º O juiz dirigirá o processo com liberdade para determinar as provas a serem produzidas, para apreciá-las e para dar especial valor às regras de experiência comum ou técnica.

Art. 6º O juiz adotará em cada caso a decisão que reputar mais justa e equânime, atendendo aos fins sociais da lei e às exigências do bem comum.

Art. 7º Os conciliadores e juízes leigos são auxiliares da Justiça, recrutados, os primeiros, preferentemente, entre os bacharéis em direito, e os segundos, entre advogados com mais de cinco anos de experiência.

Parágrafo único. Os juízes leigos ficarão impedidos de exercer a advocacia perante os Juizados Especiais, enquanto no desempenho de suas funções.

Seção III - Das partes

Art. 8º Não poderão ser partes, no processo instituído por esta lei, o incapaz, o preso, as pessoas jurídicas de direito público, as empresas públicas da União, a massa falida e o insolvente civil.

§ 1º Somente as pessoas físicas capazes serão admitidas a propor ação perante o Juizado Especial, excluídos os cessionários de direito de pessoas jurídicas.

§ 2º O maior de dezoito anos poderá ser autor, independentemente de assistência, inclusive para fins de conciliação.

Art. 9º Nas causas de valor até vinte salários mínimos, as partes comparecerão pessoalmente, podendo ser assistidas por advogado; nas de valor superior, a assistência é obrigatória.

§ 1º Sendo facultativa a assistência, se uma das partes comparecer assistida por advogado, ou se o réu for pessoa jurídica ou firma individual, terá a outra parte, se quiser, assistência judiciária prestada por órgão instituído junto ao Juizado Especial, na forma da lei local.

§ 2º O juiz alertará as partes da conveniência do patrocínio por advogado, quando a causa o recomendar.

§ 3º O mandato ao advogado poderá ser verbal, salvo quanto aos poderes especiais.

§ 4º O réu, sendo pessoa jurídica ou o titular de firma individual, poderá ser representado por preposto credenciado.

Art. 10. Não se admitirá, no processo, qualquer forma de intervenção de terceiro nem de assistência. Admitir-se-á o litisconsórcio.

Art. 11. O Ministério Público intervirá nos casos previstos em lei.

Seção IV - Dos atos processuais

Art. 12. Os atos processuais serão públicos e poderão realizar-se em horário noturno, conforme dispuserem as normas de organização judiciária.

Art. 13. Os atos processuais serão válidos sempre que preencherem as finalidades para as quais forem realizados, atendidos os critérios indicados no art. 2º desta lei.

§ 1º Não se pronunciará qualquer nulidade sem que tenha havido prejuízo.

§ 2º A prática de atos processuais em outras comarcas poderá ser solicitada por qualquer meio idôneo de comunicação.

§ 3º Apenas os atos considerados essenciais serão registrados resumidamente, em notas manuscritas, taquigrafadas ou estenotipadas. Os demais atos poderão ser gravados em fita magnética ou equivalente, que será inutilizada após o trânsito em julgado da decisão.

§ 4º As normas locais disporão sobre a conservação das peças do processo e demais documentos que o instruem.

Seção V - Do pedido

Art. 14. O processo instaurar-se-á com a apresentação do pedido, escrito ou oral, à Secretaria do Juizado.

§ 1º Do pedido constarão de forma simples e em linguagem acessível:
I - o nome, a qualificação e o endereço das partes;
II - os fatos e os fundamentos, de forma sucinta;
III - o objeto e o seu valor.

§ 2º É lícito formular pedido genérico quando não for possível determinar, desde logo, a extensão da obrigação.

§ 3º O pedido oral será reduzido a escrito pela Secretaria do Juizado, podendo ser utilizado o sistema de fichas ou formulários impressos.

Art. 15. Os pedidos mencionados no art. 3º desta lei poderão ser alternativos ou cumulados;

nesta última hipótese, desde que conexos e a soma não ultrapasse o limite fixado naquele dispositivo.

Art. 16. Registrado o pedido, independentemente de distribuição e autuação, a Secretaria do Juizado designará a sessão de conciliação, a realizar-se no prazo de quinze dias.

Art. 17. Comparecendo inicialmente ambas as partes, instaurar-se-á, desde logo, a sessão de conciliação, dispensados o registro prévio de pedido e a citação.

Parágrafo único. Havendo pedidos contrapostos, poderá ser dispensada a contestação formal e ambos serão apreciados na mesma sentença.

Seção VI - Das citações e intimações

Art. 18. A citação far-se-á:

I - por correspondência, com aviso de recebimento em mão própria;

II - tratando-se de pessoa jurídica ou firma individual, mediante entrega ao encarregado da recepção, que será obrigatoriamente identificado;

III - sendo necessário, por oficial de justiça, independentemente de mandado ou carta precatória.

§ 1º A citação conterá cópia do pedido inicial, dia e hora para comparecimento do citando e advertência de que, não comparecendo este, considerar-se-ão verdadeiras as alegações iniciais, e será proferido julgamento, de plano.

§ 2º Não se fará citação por edital.

§ 3º O comparecimento espontâneo suprirá a falta ou nulidade de citação.

Art. 19. As intimações serão feitas na forma prevista para citação, ou por qualquer outro meio idôneo de comunicação.

§ 1º Dos atos praticados na audiência, considerar-se-ão desde logo cientes as partes.

§ 2º As partes comunicarão ao juízo as mudanças de endereço ocorridas no curso do processo, reputando-se eficazes as intimações enviadas ao local anteriormente indicado, na ausência da comunicação.

Seção VII - Da revelia

Art. 20. Não comparecendo o demandado à sessão de conciliação ou à audiência de instrução e julgamento, reputar-se-ão verdadeiros os fatos alegados no pedido inicial, salvo se o contrário resultar da convicção do juiz.

Seção VIII - Da conciliação e do juízo arbitral

Art. 21. Aberta a sessão, o juiz togado ou leigo esclarecerá as partes presentes sobre as vantagens da conciliação, mostrando-lhes os riscos e as conseqüências do litígio, especialmente quanto ao disposto no § 3º do art. 3º desta Lei.

Art. 22. A conciliação será conduzida pelo juiz togado ou leigo ou por conciliador sob sua orientação.

Parágrafo único. Obtida a conciliação, esta será reduzida a escrito e homologada pelo juiz togado, mediante sentença com eficácia de título executivo.

Art. 23. Não comparecendo o demandado, o juiz togado proferirá sentença.

Art. 24. Não obtida a conciliação, as partes poderão optar, de comum acordo, pelo juízo arbitral, na forma prevista nesta lei.

§ 1º O juízo arbitral considerar-se-á instaurado, independentemente de termo de compromisso, com a escolha do árbitro pelas partes. Se este não estiver presente, o juiz convocá-lo-á e designará, de imediato, a data para a audiência de instrução.

§ 2º O árbitro será escolhido dentre os juízes leigos.

Art. 25. O árbitro conduzirá o processo com os mesmos critérios do juiz, na forma dos arts. 5º e 6º. desta lei, podendo decidir por eqüidade.

Art. 26. Ao término da instrução, ou nos cinco dias subseqüentes, o árbitro apresentará o laudo ao juiz togado para homologação por sentença irrecorrível.

Seção IX - Da instrução e julgamento

Art. 27. Não instituído o juízo arbitral, proceder-se-á imediatamente à audiência de instrução e julgamento, desde que não resulte prejuízo para a defesa.

Parágrafo único. Não sendo possível a sua realização imediata, será a audiência designada para um dos quinze dias subseqüentes, cientes, desde logo, as partes e testemunhas eventualmente presentes.

Art. 28. Na audiência de instrução e julgamento serão ouvidas as partes, colhida a prova e, em seguida, proferida a sentença.

Art. 29. Serão decididos de plano todos os incidentes que possam interferir no regular prosseguimento da audiência. As demais questões serão decididas na sentença.

Parágrafo único. Sobre os documentos apresentados por uma das partes, manifestar-se-á imediatamente a parte contrária, sem interrupção da audiência.

Seção X - Da resposta do réu

Art. 30. A contestação, que será oral ou escrita, conterá toda matéria de defesa, exceto argüição de suspeição ou impedimento do juiz, que se processará na forma da legislação em vigor.
Art. 31. Não se admitirá a reconvenção. É lícito ao réu, na contestação, formular pedido em seu favor, nos limites do art. 3º desta lei, desde que fundado nos mesmos fatos que constituem objeto da controvérsia.
Parágrafo único. O autor poderá responder ao pedido do réu na própria audiência ou requerer a designação da nova data, que será desde logo fixada, cientes todos os presentes.

Seção XI - Das provas

Art. 32. Todos os meios de prova moralmente legítimos, ainda que não especificados em lei, são hábeis para provar a veracidade dos fatos alegados pelas partes.
Art. 33. Todas as provas serão produzidas na audiência de instrução e julgamento, ainda que não requeridas previamente, podendo o juiz limitar ou excluir as que considerar excessivas, impertinentes ou protelatórias.
Art. 34. As testemunhas, até o máximo de três para cada parte, comparecerão à audiência de instrução e julgamento levadas pela parte que as tenha

arrolado, independentemente de intimação, ou mediante esta, se assim for requerido.

§ 1º O requerimento para intimação das testemunhas será apresentado à Secretaria no mínimo cinco dias antes da audiência de instrução e julgamento.

§ 2º Não comparecendo a testemunha intimada, o juiz poderá determinar sua imediata condução, valendo-se, se necessário, do concurso da força pública.

Art. 35. Quando a prova do fato exigir, o juiz poderá inquirir técnicos de sua confiança, permitida às partes a apresentação de parecer técnico.

Parágrafo único. No curso da audiência, poderá o juiz, de ofício ou a requerimento das partes, realizar inspeção em pessoas ou coisas, ou determinar que o faça pessoa de sua confiança, que lhe relatará informalmente o verificado.

Art. 36. A prova oral não será reduzida a escrito, devendo a sentença referir, no essencial, os informes trazidos nos depoimentos.

Art. 37. A instrução poderá ser dirigida por juiz leigo, sob a supervisão de juiz togado.

Seção XII - Da sentença

Art. 38. A sentença mencionará os elementos de convicção do juiz, com breve resumo dos fatos relevantes ocorridos em audiência, dispensado o relatório.

Parágrafo único. Não se admitirá sentença condenatória por quantia ilíquida, ainda que genérico o pedido.

Art. 39. É ineficaz a sentença condenatória na parte que exceder a alçada estabelecida nesta lei.

Art. 40. O juiz leigo que tiver dirigido a instrução proferirá sua decisão e imediatamente a submeterá ao juiz togado, que poderá homologá-la, proferir outra em substituição ou, antes de se manifestar, determinar a realização de atos probatórios indispensáveis.

Art. 41. Da sentença, excetuada a homologatória de conciliação ou laudo arbitral, caberá recurso para o próprio juizado.

§ 1º O recurso será julgado por uma turma composta por três juízes togados, em exercício no primeiro grau de jurisdição, reunidos na sede do juizado.

§ 2º No recurso, as partes serão obrigatoriamente representadas por advogado.

Art. 42. O recurso será interposto no prazo de dez dias, contados da ciência da sentença, por petição escrita, da qual constarão as razões e o pedido do recorrente.

§ 1º O preparo será feito, independentemente de intimação, nas quarenta e oito horas seguintes à interposição, sob pena de deserção.

§ 2º Após o preparo, a Secretaria intimará o recorrido para oferecer resposta escrita no prazo de dez dias.

Art. 43. O recurso terá somente efeito devolutivo, podendo o juiz dar-lhe efeito suspensivo, para evitar dano irreparável para a parte.

Art. 44. As partes poderão requerer a transcrição da gravação da fita magnética a que alude o § 3º do art. 13 desta lei, correndo por conta do requerente as despesas respectivas.

Art. 45. As partes serão intimadas da data da sessão de julgamento.

Art. 46. O julgamento em segunda instância constará apenas da ata, com a indicação suficiente do processo, fundamentação sucinta e parte dispositiva. Se a sentença for confirmada pelos próprios fundamentos, a súmula do julgamento servirá de acórdão.

Art. 47. (VETADO)

Seção XIII - Dos embargos de declaração

Art. 48. Caberão embargos de declaração quando, na sentença ou acórdão, houver obscuridade, contradição, omissão ou dúvida.

Parágrafo único. Os erros materiais podem ser corrigidos de ofício.

Art. 49. Os embargos de declaração serão interpostos por escrito ou oralmente, no prazo de cinco dias, contados da ciência da decisão.

Art. 50. Quando interpostos contra sentença, os embargos de declaração suspenderão o prazo para recurso.

Seção XIV - Da extinção do processo sem julgamento do mérito

Art. 51. Extingue-se o processo, além dos casos previstos em lei:

I - quando o autor deixar de comparecer a qualquer das audiências do processo;

II - quando inadmissível o procedimento instituído por esta lei ou seu prosseguimento, após a conciliação;

III - quando for reconhecida a incompetência territorial;

IV - quando sobrevier qualquer dos impedimentos previstos no art. 8º desta lei;
V - quando, falecido o autor, a habilitação depender de sentença ou não se der no prazo de trinta dias;
VI - quando, falecido o réu, o autor não promover a citação dos sucessores no prazo de trinta dias da ciência do fato.

§ 1º A extinção do processo independerá, em qualquer hipótese, de prévia intimação pessoal das partes.

§ 2º No caso do inciso I deste artigo, quando comprovar que a ausência decorre de força maior, a parte poderá ser isentada, pelo juiz, do pagamento das custas.

Seção XV - Da execução

Art. 52. A execução da sentença processar-se-á no próprio juizado, aplicando-se, no que couber, o disposto no Código de Processo Civil, com as seguintes alterações:

I - as sentenças serão necessariamente líquidas, contendo a conversão em Bônus do Tesouro Nacional - BTN ou índice equivalente;

II - os cálculos de conversão de índices, de honorários, de juros e de outras parcelas serão efetuados por servidor judicial;

III - a intimação da sentença será feita, sempre que possível, na própria audiência em que for proferida. Nessa intimação, o vencido será instado a cumprir a sentença tão logo ocorra seu trânsito em julgado, e advertido dos efeitos do seu descumprimento (inciso V);

IV - não cumprida voluntariamente a sentença transitada em julgado, e tendo havido solicitação do interessado, que poderá ser verbal, proceder-se-á desde logo à execução, dispensada nova citação;

V - nos casos de obrigação de entregar, de fazer, ou de não fazer, o juiz, na sentença ou na fase de execução, cominará multa diária, arbitrada de acordo com as condições econômicas do devedor, para a hipótese de inadimplemento. Não cumprida a obrigação, o credor poderá requerer a elevação da multa ou a transformação da condenação em perdas e danos, que o juiz de imediato arbitrará, seguindo-se a execução por quantia certa, incluída a multa vencida de obrigação de dar, quando evidenciada a malícia do devedor na execução do julgado;

VI - na obrigação de fazer, o juiz pode determinar o cumprimento por outrem, fixado o valor que o devedor deve depositar para as despesas, sob pena de multa diária;

VII - na alienação forçada dos bens, o juiz poderá autorizar o devedor, o credor ou terceira pessoa idônea a tratar da alienação do bem penhorado, a qual se aperfeiçoará em juízo até a data fixada para a praça ou o leilão. Sendo o preço inferior da avaliação, as partes serão ouvidas. Se o pagamento não for à vista, será oferecida caução idônea nos casos de alienação de bem móvel, ou hipotecado o imóvel;

VIII - é dispensada a publicação de editais em jornais, quando se tratar de alienação de bens de pequeno valor;

IX - o devedor poderá oferecer embargos, nos autos da execução, versando sobre:

a) falta ou nulidade da citação no processo, se ele correu à revelia;
b) manifesto excesso de execução;
c) erro de cálculo;
d) causa impeditiva, modificativa ou extintiva da obrigação, superveniente à sentença.
Art. 53. A execução de título extrajudicial, no valor de até quarenta salários mínimos, obedecerá ao disposto no Código de Processo Civil, com as modificações introduzidas por esta lei.

§ 1º Efetuada a penhora, o devedor será intimado a comparecer à audiência de conciliação, quando poderá oferecer embargos (art. 52, IX), por escrito ou verbalmente.

§ 2º Na audiência, será buscado o meio mais rápido e eficaz para a solução do litígio, se possível com dispensa da alienação judicial, devendo o conciliador propor, entre outras medidas cabíveis, o pagamento do débito a prazo ou a prestação, a dação em pagamento ou a imediata adjudicação do bem penhorado.

§ 3º Não apresentados os embargos em audiência, ou julgados improcedentes, qualquer das partes poderá requerer ao juiz a adoção de uma das alternativas do parágrafo anterior.

§ 4º Não encontrado o devedor ou inexistindo bens penhoráveis, o processo será imediatamente extinto, devolvendo-se os documentos ao autor.

Seção XVI - Das despesas

Art. 54. O acesso ao Juizado Especial independerá, em primeiro grau de jurisdição, do pagamento de custas, taxas ou despesas.

Parágrafo único. O preparo do recurso, na forma do § 1º do art. 42 desta lei, compreenderá todas as despesas processuais, inclusive aquelas dispensadas em primeiro grau de jurisdição, ressalvada a hipótese de assistência judiciária gratuita.

Art. 55. A sentença de primeiro grau não condenará o vencido em custas e honorários de advogado, ressalvados os casos de litigância de má-fé. Em segundo grau, o recorrente, vencido, pagará as custas e honorários de advogado, que serão fixados entre dez por cento e vinte por cento do valor de condenação ou, não havendo condenação, do valor corrigido da causa.

Parágrafo único. Na execução não serão contadas custas, salvo quando:

I - reconhecida a litigância de má-fé;

II - improcedentes os embargos do devedor;

III- tratar-se de execução de sentença que tenha sido objeto de recurso improvido do devedor.

Seção XVII - Disposições finais

Art. 56. Instituído o Juizado Especial, serão implantadas as curadorias necessárias e o serviço de assistência judiciária.

Art. 57. O acordo extrajudicial, de qualquer natureza ou valor, poderá ser homologado, no juízo competente, independentemente de termo, valendo a sentença como título executivo judicial.

Parágrafo único. Valerá como título extrajudicial o acordo celebrado pelas partes, por instrumento escrito, referendado pelo órgão competente do Ministério Público.

Art. 58. As normas de organização judiciária local poderão estender a conciliação prevista nos arts. 22 e 23 a causas não abrangidas por esta lei.
Art. 59. Não se admitirá ação rescisória nas causas sujeitas ao procedimento instituído por esta lei.

Capítulo III - Dos Juizados Especiais Criminais
[...]

Capítulo IV - Disposições Finais Comuns

Art. 93. Lei Estadual disporá sobre o Sistema de Juizados Especiais Cíveis e Criminais, sua organização, composição e competência.
Art. 94. Os serviços de cartório poderão ser prestados, e as audiências realizadas fora da sede da comarca, em bairros ou cidades a ela pertencentes, ocupando instalações de prédios públicos, de acordo com audiências previamente anunciadas.
Art. 95. Os Estados, Distrito Federal e Territórios criarão e instalarão os Juizados Especiais no prazo de seis meses, a contar da vigência desta lei.
Art. 96. Esta lei entra em vigor no prazo de sessenta dias após a sua publicação.
Art. 97. Ficam revogadas a Lei nº 4.611, de 2 de abril de 1965, e a Lei nº 7.244, de 7 de novembro de 1984.
Brasília, 26 de setembro de 1995; 174º da Independência e 107º da República.

Fernando Henrique Cardoso
Nelson A. Jobim.

Quarta Parte
Jurisprudência

Boletim de Ocorrência

O boletim de ocorrência goza de presunção *juris tantum* de veracidade, prevalecendo até que se prove em contrário. (Resp. 4365, 9.10.90, 3ª T STJ, rel. Min. *Waldemar Zveiter, in* RT 671/193)

O boletim de ocorrência é um documento elaborado por órgão público, gozando de presunção de veracidade. O que nele contém, se não destruído por prova judicial em contrário, deve prevalecer para servir de base ao julgador na composição do litígio. (Ap. 26555-8, 14.5.91, 2ª TC TJMS, rel. Des. *Rêmolo Letteriello, in* RJMS 66/49)

Colisão com traseira de veículo

A responsabilidade pelo evento danoso há de ser carreada unicamente ao motorista do veículo que não guarda distância assecuratória na corrente normal do tráfego, dando causa a abalroamento. (Ap. 355239, 8.4.86, 7ª C 1º TACSP, Rel. Juiz *Luiz de Azevedo, in* RT 607/117)

Batida por trás. Culpa presumida de quem bate por trás, a qual só cede quando evidenciado que o carro abalroado realizava manobra imprudente ou anormal. Presunção não elidida. (Ap. 187027412,

23.6.87, 1ª CC TARGS, rel. Juiz *Alceu Binato de Morais, in* JTARGS, 63/348)

Colisão com traseira de veículo que seguia à frente. Circunstâncias que exigiam redobrada cautela dos motoristas. Previsibilidade de parada de veículos, em virtude do congestionamento do tráfego. (Ap. 414102-6, 13.6.89, 6ª C 1º TACSP, rel. Juiz *Carlos Gonçalves, in* JTA 117/82)

Contramão
Mão e contramão disciplinam o trânsito de veículos que trafegam pela mesma via. Se transitam por vias que se cruzam, o que importa é a preferência de um ou de outro. Irrelevância da circunstância de estar o preferente a transitar pela contramão. (Ap. 187079603, 8.3.88, 1ª CC TARGS, rel. Juiz *José Maria Rosa Tesheiner, in* JTARGS 66/271)

Conversão à direita
Age com imprudência o condutor do veículo, que na conversão à direita, faz movimento parabólico, aberto, de modo a colidir com outro que, parado, aguardava sinal de passagem em cruzamento sinalizado. (Ap. "N" 856/89, 1ª TC TJMS, rel. Des. *Rubens Bergonzy Bossay, in* DJMS, 26.1.90, p. 4)

Conversão à esquerda
A manobra da conversão à esquerda deve sempre ser precedida de redobrada cautela, não bastando a simples indicação do ato através da seta. Comprovada a imprudência, impõe-se a condenação do causador do dano a repará-lo. (Ap. 26524-5,

5.3.91, 2ª TC TJMS, rel. Desa. *Dagma Paulino dos Reis, in* RJMS, 64/41)

Culpa. Conversão à esquerda, sem atenção à corrente do tráfego. Causa eficiente do evento, que obstou a passagem de outro veículo. Excessiva velocidade deste que seria irrelevante, no caso. (Ap. 363224, 14.12.87, 1ª C 1º TACSP, rel. Juiz *De Santi Ribeiro, in* JTA 110/ 204)

Culpa
Age com culpa evidente o motorista que de inopino se desloca, em via de mão única, de sua faixa de direção, vindo a obstruir a marcha do veículo que segue na faixa ao lado, ocasionando acidente. (Ap. 892/90 "n", 2ª TC TJMS, rel. Des. *José Augusto de Souza, in* DJMS, 18.5.90, p. 06)

Culpa do motorista do veículo, que trafega em via secundária, por colisão em via prioritária, é presumida, admitindo prova em contrário, de encargo do presumivelmente culpado. (Ap. 187023825, 26.5.87, 2ª CC TARGS, rel. Juiz *Waldemar Luiz de Freitas Filho, in* JTARGS, 64/274)

O proprietário do veículo que, imprudentemente dirigido, colide com outro veículo estacionado em lugar proibido, responde pelos danos causados porque a causa direta e imediata do acidente não foi o mau estacionamento, mas sim, a conduta culposa do motorista do veículo colidente. (Ap. 5045, 21.8.89, 6ª C TACRJ, rel. Juiz *Corrêa da Silva, in* ADV JUR 1989, p. 728, v. 46698)

Culpa recíproca
A desatenção de um motorista ligada à imprudência de outro gera a culpa concorrente, que obriga uma das partes a pagar 50% dos danos causados à outra. (Ap. 187005975, 6.1.88, Câm. Fér. Civ. TARGS, rel. Juiz *João Carvalho, in* ADV JUR 1988, p. 282, v. 38446)

Culpa concorrente, acontecida de imprudente manobra de retorno de um dos motoristas e de velocidade excessiva de outro. Na gradação das culpas, mais grave é a do motorista que encetou o retorno, diante do inesperado da manobra, a cortar o fluxo regular do tráfego. (Ap. 183053255, 16.11.83, 3ª CC TARGS, rel. Juiz *Luiz Fernando Koch, in* JTARGS 49/431)

Defeito Mecânico
Acionado como suposto co-responsável pelas conseqüências do evento, ao condutor de ônibus nem sempre se carrega a culpa quando o acidente ocorre por falha mecânica que não teve condições de prevenir. Responsabilidade exclusiva da empresa proprietária do veículo. (Ap. 188081947, 8.11.88, 5ª CC TARGS, rel. Juiz *Vanir Perin, in* JTARGS 68/336)

Indenização. Responsabilidade civil. Acidente de trânsito. Culpa. Falha mecânica. Negligência na conservação do veículo. Hipótese que não é de caso fortuito ou força maior, nem de culpa da vítima. (Ap. 429819-9, 17.1.90, 2ª Câm. Esp. 1º TACSP, rel. Juiz *Samuel Alves de Melo Jr. , in* JTA 123/144)

Derrapagem
O motorista de veículo cuidadoso está atento a todo e qualquer percalço e mantém permanente domínio sobre a máquina que dirige, para evitar qualquer acidente ou avaria. Barro ou lama sobre a pista de asfalto é previsível, dadas as condições de nossas rodovias, e exige do condutor redobrado cuidado, a redução adequada, inclusive, de marcha. Derrapagem, ocorrida em qualquer rodovia asfaltada ou não, é sempre indício de velocidade excessiva ou de imperícia do motorista. (Ap. 188043137, 21.9.88, 3ª CC TARGS, rel. Juiz *Celeste Vicente Rovani, in* JTARGS 68/345, em.)

Deslizamentos
Deslizamento de automóvel, após ter sido deixado estacionado na via pública. Colisão contra a traseira de outro carro, imprensando contra este seu proprietário. Comprovação da extensão dos danos materiais e da ocorrência de danos pessoais. Procedência da ação, remetida para a execução a apuração da extensão dos danos pessoais. (Ap. 376809-0, 3.8.87, 3ª Câm. Esp., 1º TACSP, rel. Juiz *Mendonça de Barros, in* JTA 107/241)

Estado de necessidade
Estado de necessidade. Motorista que para evitar atropelamento, desvia seu veículo, para abalroar outro, estacionado ao lado. Indenização devida em face dos artigos 1.519 e 1.520 do Código Civil. (Ap. 286074, 18.9.79, 1ª CC, TJSP, rel. Des. *Luiz de Macedo, in* JTJ 61/97)

Estouro de pneu

Culpa. Estouro de pneu. Caso fortuito inocorrente. (Ap. 275659, 8.2.79, 5ª CC TJSP, rel. Des. *Ernani de Paiva, in* JTJ 56/92)

Estouro de pneus de caminhão com pesada carga. Culpa. Prova. Ônus da empresa-ré. Não demonstração de que fossem boas as condições dos pneus estourados. (Ap. 357395, 27.5.76, 6ª C 1º TACSP, rel. Juiz *Ernani de Paiva, in* JTA 103/87)

Excesso de velocidade

Age com imprudência o condutor do veículo que, trafegando por via transversal, adentra no cruzamento de avenida em excesso de velocidade e sem as cautelas necessárias. (Ap. 819/89, 1ª TC TJMS, rel. Des. *Rubens Bergonzy Bossay, in* DJMS, 13.10.89, p. 4)

O fato de estar o veículo sendo dirigido em via preferencial não dá ao motorista o direito de praticar excessos de velocidade. (Ap. 859/89, 1ª TC TJMS, rel. Des. *Alécio Antônio Tamiozzo, in* DJMS, 8.3.90, p. 5)

Fato de terceiro

Aquele que atinge outro veículo em acidente de trânsito deve responder pelo ato praticado, não podendo alegar fato de terceiro para excluir sua responsabilidade. Se o acidente se der em razão de conduta culposa de terceiro, resta a ação regressiva contra o causador de seu procedimento. (Ap. 403123-8, 20.12.88, 7ª C 1º TACSP, rel. Juiz *Renato Takiguthi, in* RT 639/117)

Em acidente de trânsito, a alegação de fato de terceiro só admite a exclusão da responsabilidade do demandado se ficar cabalmente demonstrado a impossibilidade de se lhe atribuir mínima que seja, parcela de culpa. Caso contrário, só se pode conferir ao réu o direito regressivo. (Ap. 412814-3,14.6.89, 4ª C 1º TACSP, rel. Juiz *Amauri Ielo, in* ADV JUR 1990, p. 232, v. 48715)

Férias Forenses
As ações de indenização por acidente de veículo, nos termos do art. 174, II, do CPC, processam-se durante as férias e não se suspendem, com a superveniência delas, os prazos para interposição de recurso. (Ap. 73/80, "n", TC TJMS, rel. Des. *Nelson Mendes Fontoura, in* DOMS 509,19.1.81, p. 16)

Força Maior
O motorista que conduz à noite o seu veículo por rua contendo quebra-molas erigido pela comunidade, que deixou de sinalizar o local do obstáculo, não pode invocar a seu favor caso fortuito ou de força maior para eximir-se da responsabilidade de pagar danos causados a veículo de terceiro, regularmente estacionado, se na traseira deste vier a colidir quando desgovernado o seu veículo. (Ap. 712/88 "n", 2ª TC TJMS, rel. Des. *José Carlos Correa de Castro Alvim, in* DJMS, 23.12.88, p. 3)

Indenização
A apresentação de três orçamentos não é pressuposto essencial à propositura da ação de reparação de danos decorrentes de acidente de trânsito, constituindo, apenas, um meio de prova, para aferi-

ção dos danos, proveniente de construção jurisprudencial. O escopo dessa construção pretoriana é evitar a perícia e conseqüente demora na composição do litígio. Sentença líquida. Valor dos orçamentos apresentados pelo autor confirmado pelo conjunto da prova. (Ap. 186084091, 11.2.87, 3ª CC, rel. Juiz *Sílvio Manoel de Castro Gamborgi*, in JTARGS 64/369 em.)

A apresentação de um único orçamento acompanhado de nota fiscal mostra-se suficiente à fixação do *quantum debeatur* se o réu não demonstra a falta de idoneidade da oficina ou o excesso do preço. (Ap. 1049/87, 23.6.87, 2ª CC TARGS, rel. Juiz *Paula Xavier*, in RT 621/209)

Em ação de indenização por abalroamento de veículo, os juros moratórios, à taxa legal, são devidos, por força da lei, a partir da citação, e não a partir da data em que o autor efetuou o pagamento do seguro. (Ap. 70375, 30.9.86, 2ª CC TJMG, rel. Des. *Machado de Miranda*, in RT 622/188)

Legitimidade ativa. Tem direito de pedir reparação de dano todo aquele que demonstre a existência de algum prejuízo decorrente do fato, pouco importa não disponha do domínio ou da posse do veículo sinistrado. (Ap. 188024905, 17.5.88, 1ª CC TARGS, rel. Juiz *Alceu Binato de Moraes*, in JTARGS 66/361)

Na hipótese de responsabilidade civil por acidente de trânsito, o termo inicial de pagamento da indenização há de ser o da data do evento e os juros de mora, como efeito da demanda, fluem a partir da citação inicial. (Ap. 319118, 21.12.83, 5ª C 1º TACSP, rel. Juiz *Lerte Nordi, in* RT 583/139)

O detentor do veículo danificado em acidente de trânsito tem legitimidade para propor ação visando ao ressarcimento dos danos materiais e despesas hospitalares decorrentes do evento. (Ap. 472853-8, 10.9.91, 3ª C 1º TASCP, rel. Juiz *Ferraz Nogueira, in* RT 683/103)

O marido, chefe da sociedade conjugal, tem legitimidade para mover ação de indenização contra o causador de danos a automóvel em nome de sua esposa. (Ap. 288509, 11.3.80, 3ª CC TJSP, rel. Des. *Evaristo dos Santos, in* RT 542/78)

Tratando-se de pedido de reparação de danos em automóvel, baseado em orçamento para o conserto, esse orçamento é que determina o valor da causa. (AI. 278482, 2.10.80, 3ª C 1º TACSP, rel. Juiz *Geraldo Roberto, in* RT 548/135)

Valor da indenização. Deve ser o necessário para repor o veículo danificado tanto quanto possível, no estado anterior ao acidente, pouco importando se esse valor é superior ao alegado preço de comércio. (Ap. 187023825, 26.5.87, 2ª CC TARGS, rel. Juiz *Waldemar Luiz de Freitas Filho, in* JTARGS 64/274)

Marcha à ré
O motorista cujo veículo deixa a garagem ou estacionamento em marcha à ré para ingressar na

via pública, deve proceder com redobrada e excepcional atenção e cuidado, sendo, portanto, o único responsável pelo choque ou abalroamento que ocorrer contra outro veículo parado ou em movimento, que se encontrar na via pública. (Ap. 866/90, "n", Turma de Férias, TJMS, rel. Des. *Higa Nabukatsu, in* DJMS, 8.3.90, p. 6)

Menor condutor
Atropelamento praticado por motorista com dezenove anos de idade, dirigindo carro dos pais, com quem reside e de quem depende economicamente. O fato de que tenha sido emancipado não afasta a responsabilidade dos genitores por culpa *in vigilando*. (Ap. 188047625, 17.8.88, 3ª CC TARGS, rel. Juiz *Ivo Gabriel da Cunha, in* JTARGS 67/343, em.)

Quer tenha ou não entregado automóvel a menor sem habilitação legal, seu filho, a responsabilidade dos pais por acidente de trânsito por aquele ocasionado é indireta, decorrente do pátrio poder, cujo dever de vigiar o filho, impedindo-o de dirigir o veículo, obriga-os, consumado o ilícito por ele, indenizar as conseqüências do ato. (Ap. 187022843, 1.9.87, 1ª CC TARGS, rel. Juiz *Alceu Binato de Moraes, in* RT 624/202)

Responsabilidade civil. Acidente de trânsito. Colisão provocada por menor. Responsabilidade solidária do pai reconhecida. Art. 1.521, I, do CC. Indenizatória procedente. (Ap. 385566, 28.1.88, 1ª Câm. Esp. 1º TACSP, rel. Juiz *Roberto Rubens Correia, in* JTA-RT 110/88)

Ofuscamento

É fato corriqueiro, plenamente previsível e evitável, que a todo motorista deve-se apresentar como normal e perfeitamente controlável, a presença de veículos com faróis altos à noite na pista em sentido contrário. Não havendo qualquer prova de que estivesse o motorista impedido de se dirigir mais à direita, o mais próximo possível do acostamento, quando com ele cruzou, colidindo na contramão de direção, não há como se afastar sua culpa pelo evento. (Ap. 377128, 29.10.87, 8ª C 1º TACSP, rel. Juiz *Raphael Salvador*, in RT 625/110)

Preferência de Passagem

Colisão em cruzamento não sinalizado. Preferência do veículo que provém da direita. Orçamento. Aceitação do fornecido por oficina autorizada. Ação procedente. (Ap. 400343-8, 12.9.88, 1ª C 1º TACSP, rel. Juiz *Elliot Akel*, in JTA 113/147)

Colisão em cruzamento sinalizado. Culpa de quem desobedece ao comando do semáforo. (Ap. 188093280, 14.12.88, 3ª CC TARGS, rel. Juiz *Ivo Gabriel da Cunha*, in JTARGS 69/317)

Tratando-se de cruzamento não-sinalizado, o veículo dirigido pela direita tem a preferência de passagem. Essa regra vale tanto para a fixação da responsabilidade civil como criminal. (Ap. 311722, 26.4.83, 7ª C 1º TACSP, rel. Juiz *Marcus Andrade*, in RT 581/132, em.)

Prescrição

É de vinte anos o prazo prescricional para a propositura de ação de responsabilidade civil para obtenção de indenização em decorrência de acidente de que resultou falecimento, não se identificando tal demanda com a de pensão alimentar. (RE 102. 575-1, 6.11.84, 2ª T STF, rel. Min. *Aldir Passarinho, in* RT 598/237)

Prova
A alienação de bem móvel é efetuada mediante tradição. Documento de transferência e registro no Detran não devem prevalecer se a instrução, nos autos, confirma que o veículo foi vendido, não mais pertencendo à ré, à época do acidente. (Ap. 5961, 28.8.90, 2ª T TRF 5ª R, rel. Juiz *José Salgado, in* JSTJ-TRF 21/429)

O alienante do veículo não responde pelos danos causados decorrentes de acidente de trânsito ocorrido após a alienação do veículo, pouco importando que o certificado de propriedade, na data do evento, ainda não tivesse sido transferido para o nome do adquirente e novo possuidor. (EI 58/87, "g" T. C Reun. TJMS, rel. Des. *Nelson Mendes Fontoura, in* DJMS, 7.6.88, p. 4)

Sendo conflitante a prova, dá-se preferência à versão de testemunhas que apresentam melhores condições de constatação dos fatos, vivendo a mesma situação de tráfego. É relativa a presunção de culpa do condutor, que abalroa carro que lhe vai à frente admitindo prova em contrário. (Ap. 9233, 5.11.74, 2ª CC TARGS, rel. Juiz *Alfredo Zimmer, in* RT 479/213)

Responsabilidade Civil
A empresa locadora de veículos responde, civil e solidariamente com o locatário, pelos danos por este causados a terceiros, no uso do carro locado. Não se confunde a pensão decorrente da legislação social e devida por entidade de previdência com a pensão a cargo de particulares e decorrente da obrigação de reparar danos. Recurso provido, em parte, para incluir a locadora de veículos nas conseqüências da decisão. (Ap. 80339, 18.5.89, 2ª C TACRJ, rel. Juiz *Marlan Marinho, in* ADV JUR, 1989, p. 632, v. 46085)

Culpa do preposto determinando a responsabilidade do preponente. Desnecessidade de se demonstrar a culpa da empregadora. Sum. 341 do STF. (Ação Res. 4781-1, 5.8.81, 2º Gr. Câm. 1ª Seção Civ., TJSP, rel. Des. *Campos Gouvêa, in* JTJ 73/260)

Em face dos termos do art. 159 do CC, o proprietário do veículo é responsável pelos danos a que este der causa, mesmo que conduzido por outrem, em virtude de culpa *in eligendo*, desde que para eximir-se de tal responsabilidade solidária com o condutor seria necessária a comprovação de ter sido o automóvel posto em circulação contra sua vontade. (Ap. 362485, 6.10.86, 3ª C 1º TACSP, rel. Juiz *Toledo Silva, in* RT 617/99)

Ingresso em rodovia, sem as necessárias cautelas, inclusive sem a utilização dos freios do veículo. Responsabilidade do patrão pelos atos do empregado e do dono do veículo por suas condições de bom funcionamento. (Ap. 375933-1, 1.7.87, 4ª C TACSP, rel. Juiz *Octaviano Lobo, in* JTA 109/196)

Obra na via pública sem sinalização. Obrigação da Administração Pública reparar o dano, só pelo fato lesivo, sem necessidade de comprovação de culpa. (Ap. 385740, 19.1.88, 2ª Câm. Esp. 1º TACSP, rel. Juíz *Jacobina Rabello, in* JTA 111/107)

Ocorrido o acidente por falta exclusiva do serviço público, que mantinha pista defeituosa e sem sinalização adequada, responde a autarquia encarregada desse mister administrativo pelos prejuízos causados. (Ap. 350 912, 27.12.85, 7ª C 1º TACSP, rel. Juiz *Marcus Andrade, in* RT 606/133)

O dono do veículo responde pelos danos pelo mesmo causados, ainda que dirigido por pessoa estranha contra a vontade do proprietário. A responsabilidade deste resulta da inobservância do dever de guardar. (Ap. 14616, 4.9.79, 3ª CC TJMG, rel. Des. *Reynaldo Alves, in* RT 540/180)

O patrão é parte legítima para responder pela ação de indenização de danos causados por veículo em cuja direção se encontrava seu empregado em razão de serviço. (Ap. 446/86, "n", TC TJMS, rel. Des. *Jesus de Oliveira Sobrinho, in* DJMS, 22.9.86, p. 6)

Pelo sistema jurídico brasileiro descabe imputar responsabilidade civil ao proprietário de veículo pelo só fato de ser proprietário. Porém, se pessoa jurídica alega que emprestou seu veículo a alguém, que o dirigia no instante do acidente, pelo menos deve comprovar o empréstimo, ou seja, a transferência efetiva da guarda jurídica do bem (que somente se pode presumir ser do proprietário, com o que para este passa o ônus probatório), e que o fez para pessoa capacitada a bem conduzir automotores. (Ap. 190106682, 4.10.90, 3ª CC TARGS, rel. Juiz *Sérgio Gischkow, in* JTARGS, 76/293)

Proprietário do veículo. Obrigação de reparar os danos causados. Automóvel dirigido por sua filha. Maioridade dela irrelevante, para o fim de isentá-lo da obrigação. Permissão ao acesso às chaves do veículo. Filha acostumada a sair com o carro. (Ap. 420133-8, 12.7.89, 6ª Câm. Esp. 1º TACSP, rel. Juiz *Carlos Gonçalves, in* JTA 118/91)

Seguro
Não está obrigada a seguradora ao pagamento, se o motorista do segurado se encontrava com carteira de habilitação vencida e existe cláusula expressa na apólice isentando aquela de obrigações, se o segurado permitir que o veículo seja dirigido por pessoa sem habilitação legal e apropriada. (Ap. 192033579, 15.4.92, 3ª CC TARGS, rel. Juiz *Sérgio Gischkow Pereira, in* JTARGS, 83/261)

Semáforo
O sinal amarelo existe para que seja concluída a manobra dos veículos que, tendo antes para si a luz verde, podem ter sua segurança prejudicada pela necessidade de frear bruscamente. Portanto, dois carros em sentidos opostos têm a mesma permissão ou proibição de movimento frente ao semáforo. Aquele que deseja conversão à esquerda fica em

situação igual ao que está em rua perpendicular, e, portanto, subordinado à regra oposta. O mesmo sinal amarelo que lhe permitia seguir em frente agora o proíbe de qualquer movimento, não podendo cortar a corrente de tráfego. (Ap. 3562745, 14.5.86, 2ª C 1º TACSP, rel. Juiz *Maurício Vidigal, in* RT 611/115)

Provado que, em cruzamento com semáforo, o trânsito encontrava-se aberto para o veículo da apelada tendo o apelante invadido o cruzamento com o sinal fechado e causado o acidente, é obrigado a compor os danos que causou. (Ap. "n" 742/89,1ª TC TJMS, rel. Des. *Alécio Antônio Tamiozzo, in DJMS,* 4.5.90, p. 8)

Ultrapassagem
Culpa. Motorista que tenta realizar ultrapassagem pela direita, ingressando no acostamento. Ação procedente. (Ap. 280651, 3.4.79, 1ª CC TJSP, rel. Des. *Pacheco de Mattos, in* JTJ 57/99)

Vedado ao motorista que trafega, no mesmo sentido, atrás de outro veículo, ultrapassar o que lhe vai à frente, em cruzamento ou entroncamento rodoviário. Quando dois veículos trafegam no mesmo sentido, e o da frente faz sinal de que vai dobrar à esquerda, o de trás deve aguardar que o primeiro complete a manobra. (Ap 187036439, 25.8.87, 1ª CC, TARGS, rel. Juiz *Oswaldo Stefanello, in* JTARGS 63/365 em.)

Via preferencial
Colisão em cruzamento. Situação favorável ao autor, cujo veículo trafegava por via preferencial, enquanto que o do réu seguia por via secundária com placa de parada obrigatória. Alegação, na contestação, não comprovada, de que o autor fazia seu veículo trafegar em velocidade excessiva. Meras impressões de testemunha, que só poderiam ser admitidas diante de prova técnica. (Ap. 390025, 2.5.88, 1º TACSP, rel. Juiz *De Santi Ribeiro*, in JTA 111/145)

Desrespeito a sinal de "pare", em cruzamento de vias públicas. Teoria do eixo médio. Abandono pelos Tribunais. Velocidade incompatível, do outro veículo, não comprovada, além de que a via preferencial prevalece sobre eventual excesso de velocidade. (Ap. 378372, 31.8.87, 1ª C 1º TACSP, rel. Juiz *Guimarães e Souza*, in JTA 107/225)

Em tema de acidente automobilístico ocorrido em cruzamento no qual uma das ruas contém a sinalização "PARE', se o veículo que vem por essa mesma rua adentra o cruzamento sem atentar para a referida sinalização e as provas produzidas corroboram a imprudência de seu condutor, advém daí a responsabilidade pelo acidente e, via de conseqüência, a de indenizar o proprietário do outro veículo. (Ap 664/88, 1ª TC TJMS, rel. Des. *Milton Malulei*, in DJMS, 23.12.88, p. 2)

O motorista que invade via preferencial não pode escusar-se com o excesso de velocidade de quem trafega pela preferencial, sendo sua obrigação de respeitar a preferência de passagem. (Ap. 702/88, "n", 2ª TC TJMS, rel. Des. *Nelson Mendes Fontoura, in* DJMS, 25.11.88, p. 12)

Tratando-se de cruzamento dotado de placa de advertência "PARE", cumpre ao motorista o dever de parar o veículo e só ingressar no cruzamento se puder fazê-lo com segurança para si e terceiros. (Ap. 680/88, "n", 1ª TC TJMS, rel. Des. *Claudionor Miguel Abss Duarte, in* DJMS, 9.9.88, p. 4)

Via Secundária
Constitui inegável imprudência ingressar na pista de rolamento de rodovia, sem os cuidados indispensáveis, pois não cabe aos motoristas que por ela trafegam preocuparem-se com os veículos provenientes das vias secundárias, e sim, estes é que devem tomar redobradas cautelas ao adentrar aquelas. (Ap. 581/87, "n", 1º TC TJMS, rel. Des. *Milton Malulei, in* DJMS, 15.1.88, p. 2)

Bibliografia

AQUAVIVA, Marcus Cláudio. *Dicionário Jurídico Brasileiro*, 3ª ed. São Paulo: Jurídica Brasileira Ltda, 1993.

DINIZ, Maria Helena. *Curso de Direito Civil Brasileiro*, 7º v. São Paulo: Saraiva, 1984.

MIRANDA, Pontes de. *Tratado de Direito Privado*, 4ª ed. Tomo I, São Paulo: Revista dos Tribunais, 1983.

NEGRÃO, Theotonio. *Código Civil e legislação em vigor*, 15ª ed. São Paulo: Saraiva, 1996.

NEGRÃO, Theotonio. *Código de Processo Civil e legislação em vigor*, 27ª ed. São Paulo: Saraiva, 1996.

PEREIRA, Caio Mário da Silva. *Responsabilidade Civil*, 3ª ed. Rio de Janeiro: Forense, 1992.

REIS, Dagma Paulino dos. *Dicionário Jurisprudencial*, 2ª ed. São Paulo: Revista dos Tribunais, 1994.

Av. Plínio Brasil Milano, 2145
Fone 341-0455 - P. Alegre - RS